Lena Fuchs

Servietten falten klassisch und modern

Lena Fuchs

Servietten falten klassisch und modern

Für Alltag und Feste
Schritt-für-Schritt-Anleitungen

Augustus Verlag

Inhalt

Vorwort

Ein schön gedeckter, liebevoll dekorierter Tisch spricht jeden kultivierten Menschen an und steigert die Vorfreude auf das Essen. Ob Teestunde mit Freundinnen oder große Hochzeitsfeier: Servietten gehören unbedingt dazu. Was liegt daher näher, als das Nützliche mit dem Schönen zu verbinden und sie zur Dekoration zu verwenden! Wenige Handgriffe genügen, um eine einfache Papierserviette originell zusammenzulegen, etwa zum Frühstück oder zu einem Brunch mit Freunden. Und selbst Ungeübten gelingt die Bestecktasche aus einer rustikalen Stoffserviette oder ein Hut aus einer Zellstoffserviette. Aber auch die Hohe Schule des „Serviettenbrechens“, wie der Fachbegriff dafür heißt, ist keine Hexerei. Wer zum Beispiel das Prinzip der Fächerformen einmal verstanden hat, wird mit den zahlreichen Variationen viele Festtafeln schmücken.
Ich kenne Menschen, die im Restaurant vor dem Essen die Serviette ganz vorsichtig auseinandernehmen, um sich die Faltung genau einzuprägen. Papierservietten werden häufig sogar unbenutzt eingesteckt und zu Hause als Modell verwendet. Künftig müssen Sie in solchen Fällen beim Essen nicht mehr auf Ihre Serviette verzichten, denn in diesem Buch finden Sie die wichtigsten Formen. Nach den detaillierten Schritt-für-Schritt-Zeichnungen gelingen Ihnen auch so verblüffende Faltungen wie die Seerose oder der Turm zu Babylon. Die Komplimente Ihrer Gäste sind Ihnen sicher.
Ich wünsche Ihnen viel Freude beim Dekorieren Ihres Tisches!

Lena Fuchs

Die Servietten

Stoffservietten

Ganz klassisch und ein absolutes Muß für die große Tafel sind quadratische weiße Servietten aus Leinen oder Baumwolldamast im Format von mindestens 50 x 50 cm, die zum Tischtuch aus dem gleichen Material passen. Gestärkt und gebügelt lassen sie sich auch in kompliziertere Formen bringen, wirken immer edel und erfüllen den eigentlichen Zweck der Serviette besonders gut, nämlich die Kleidung vor Spritzern zu schützen und als Mundtuch zum Abtupfen der Lippen – etwa vor dem Ansetzen des Glases – zu dienen. Leider sind solche Prachtexemplare ein echter Luxus: Für gute Qualität muß man rund 20 Mark – bei Leinen eher noch mehr – pro Serviette anlegen. Da schlägt eine komplette Garnitur mit sechs bis acht Servietten und einem Tafeltuch schnell mit einigen hundert Mark zu Buche. Trotzdem lohnt sich die Anschaffung: Hochwertige Tischwäsche bleibt jahrzehntelang schön. Wenn sie einmal stärker verschmutzt ist, wird sie in der Kochwäsche wieder einwandfrei sauber (Servietten mit hohem Kunstfaseranteil lassen sich dagegen nicht kochen), und manche Flecken bleicht die Sonne beim Trocknen an der Leine. Ich habe auf diese einfache Weise auch die hartnäckigen, grünlichbraunen Flecken von Kürbiskernöl aus meinen Servietten entfernt.
Zum Glück gibt es für die weniger festlichen Anlässe billigere Alternativen: Farbige und kleinere Baumwoll- oder Leinenservietten bieten sich für den Alltag an. Quadrate von 30 x 30 bis 40 x 40 cm Größe lassen

Wer Wert auf einen außergewöhnlich gedeckten Tisch legt, weiß, daß die Vielfalt an Servietten kaum zu überblicken ist. Materialien, Muster und Maße lassen kaum Wünsche offen – egal, ob man nun den blank gescheuerten Ahorntisch in der Bauernstube rustikal decken oder eine festliche Hochzeitstafel vorbereiten möchte. Die zwei Hauptgruppen bilden Stoffservietten, die gewaschen und immer wieder verwendet werden können, und Papierservietten, die nach einmaligem Gebrauch weggeworfen werden. Innerhalb dieser Gruppen gibt es jedoch zahllose Varianten.

sich nicht so effektvoll falten wie die großen Servietten, bieten aber trotzdem noch eine ganze Menge an dekorativen Möglichkeiten. Kleine, mit Durchbruchstickereien verzierte Baumwollservietten findet man in vielen Kaufhäusern für ein paar Mark. Wichtig ist es, auch bei Sonderangeboten die Augen offenzuhalten, denn leider fransen bei manchen Exemplaren die Ränder und Stickereien rasch aus. Die sorgfältiger gearbeiteten Servietten dieser Art können aber zum Beispiel einen Kaffeetisch sehr apart schmücken.
Daneben gibt es viele rustikalere Varianten, die gut zu einfachem Geschirr passen. In Südfrankreich werden auf allen Märkten quadratische, mit traditionellen Mustern bedruckte Stoffzuschnitte oder bereits fertig genähte Servietten mit passenden Tischdecken angeboten. Ein Beispiel dafür ist die rostbraun gemusterte Serviette auf Seite 6, links. Die rote Serviette mit gelbem Rand habe ich aus provençalischem Stoff und Zackenlitze in wenigen Minuten selbstgenäht.
Wer aber sagt, daß nur wo „Serviette" draufsteht, auch Servietten drin sein müssen? Viele Geschirrtücher sind viel zu schade, um von Anfang an ihren Dienst in der Küche zu versehen. Das Bistro-Tuch oder das Geschirrtuch mit der Hühnerparade zum Beispiel können einem Brunch oder einem Picknick eine besondere Note geben, bevor sie in den Küchenschrank wandern.
Abraten möchte ich von den hochglänzenden Servietten aus reiner Viskose oder mit hohem Kunstfaseranteil. Ein Beispiel ist auf Seite 6/7 oben abgebildet. Zwar wirken die eingewebten Jacquardmuster und die Bogenkante durchaus elegant, doch lassen sich solche Servietten, weil das Material sehr weich ist, nur liegend präsentieren. Dazu kommt, daß sie für meine Begriffe unangenehm zu verwenden sind – etwa als Mundtuch – und sich schlechter waschen und bügeln lassen als Servietten aus Baumwolle oder Leinen.
Ein Großteil der Faltformen gelingt nur, wenn die Servietten exakt quadratisch sind. Achten Sie deshalb bereits beim Kauf darauf, indem Sie die Servietten probehalber einmal diagonal zusammenlegen. Wenn jeweils zwei Seiten genau aufeinander zu liegen kommen, ist die Serviette quadratisch. Überprüfen Sie jede Serviette einzeln. Oft sind nicht alle Exemplare eines Modells gleichseitig.

Bügeln und stärken

Für die meisten Faltformen müssen die Servietten gestärkt werden. Es empfiehlt sich, sie zur Aufbewahrung möglichst wenig zu knicken und auf keinen Fall Falten fest einzubügeln, die später die Faltform beeinträchtigen könnten. Ich lege die Servietten zunächst gebügelt, aber ungestärkt und nur einmal zusammengelegt in den Schrank. Bevor ich den Tisch für eine Gesellschaft decke, stärke, bügle und falte ich die Servietten dann in einem Arbeitsgang. Für viele Faltungen, etwa die Fächer, empfiehlt es sich ohnehin, die Knicke immer wieder einzubügeln.
Achten Sie beim Bügeln außerdem darauf, daß sich die Serviette nicht in eine Richtung verzieht, sondern quadratisch bleibt.

Einwegservietten

Zu den Servietten, die nach einmaligem Gebrauch in den Müll wandern, gehören neben den altbekannten Papierservietten auch jene aus modernen Zellstoffmaterialien (z.B. „Dunilin") und aus Japanseide. Hochwertige Einwegservietten stellen durchaus eine akzeptable Alternative zu Stoffservietten dar, zumal bei größeren Gesellschaften, für die wohl kaum ein Haushalt genügend Tischwäsche bereithält.
Ihr Vorteil – das Waschen und Bügeln entfällt – ist gleichzeitig ihr größter Nachteil: Die mit relativ hohem Aufwand produzierten Servietten sind bereits nach einmaligem

Gebrauch Müll. Trotzdem wird man in vielen Fällen nicht auf die Einwegservietten verzichten können und wollen.

Papierservietten gibt es in verschiedenen Größen und Qualitäten. Die einfachsten haben nur eine einzige Lage und sind im allgemeinen 33 x 33 cm groß. Für anspruchsvoll gedeckte Tische eignen sie sich meines Erachtens nicht. Außerdem lösen sie sich in kürzester Zeit auf. Wer mehr als nur ein Paar Würstchen im Stehen essen möchte, sollte daher mehrlagige Tissue-Servietten wählen. Hier ist die Auswahl groß (siehe Foto rechts, oben): Die Formate reichen von 25 x 25 cm über 33 x 33 cm bis zu 40 x 40 cm; neben allen denkbaren Unis werden auch Muster vom traditionellen Blumendesign über kindliche Motive bis hin zu futuristischen Ornamenten angeboten. Bisweilen findet man kleinere und größere Servietten sowie Tischtücher aus Zellstoffmaterial in harmonierendem Design. Papierservietten sollten aus verschiedenen Gründen nur sparsam gefaltet werden: Erstens eignen sich die meisten schon von der Größe her nicht für aufwendigere Figuren, zweitens werden sie schnell unansehnlich, wenn sie gar zu oft geknickt werden, und drittens hält das Tissue-Material nicht alle Faltungen so gut wie gestärkte Stoffservietten. Den Stoffservietten am ähnlichsten sind sind **Servietten aus hochveredeltem Zellstoff**, dessen Struktur wie Leinen wirkt (siehe Foto, unten). Auch sie sind in verschiedenen Größen (z.B. 32 x 32 cm, 40,5 x 40,5 cm) auf dem Markt. Das Material ist schmiegsam und läßt sich formen, hält jedoch Brüche, etwa bei Fächerfaltungen, nicht sehr gut. Manche Faltungen gelingen aber ausgezeichnet mit den Zelltuchservietten (siehe Bierstengel Seite 24, Mütze mit Umschlag Seite 30, Spitzhut Seite 29, Pfeiler Seite 38)

Dekorativ, aber für Faltungen nicht zu verwenden sind **Servietten aus Japanseide**, meist blütenförmig mit einem Durchmesser von etwa 36 cm (Seite 7, unten). Man wird die zarten Tüchlein am ehesten für Kaffee- oder Teetisch verwenden. Das duftige Material sieht als kleiner „Strauß“ in einer höheren Tasse oder einem Glas hübsch aus: Dazu legt man die auseinandergefaltete Serviette flach auf den Tisch, greift den Mittelpunkt und bündelt das Tuch mit den Fingern, so daß es rüschenartig fällt. Dann dreht man diese Serviettenblüte um und stellt sie ins Glas.

Servietten dekorieren

Auch ganz einfache und billige Servietten aus Stoff oder Papier lassen sich mit wenigen Handgriffen passend zum Geschirr oder zu einem besonderen Anlaß dekorieren.

Mit Stempeln werden aus einfachen und billigen Papierservietten witzige „Hingucker“. Lassen Sie ein geheimnisvolles Tier über die Serviette spazieren oder einen kleinen Bären zum Geburtstag gratulieren (Bild unten), stempeln Sie Ostereier oder Nikoläuse. Nur auf eines sollten Sie achten: Die Serviette muß noch verwendbar sein. Die Farbe sollte also nicht alle Lagen durchdringen und nach Möglichkeit lebensmittelecht sein (ansonsten auf jeden Fall nur die oberste Lage bestempeln). Daß für Kinderfeste nur unbedenk-

liche Stempelfarben verwendet werden dürfen, versteht sich von selbst.

Dauerhafter sind mit Schablonen (Stencils) gestaltete Stoffservietten (rechts). Von den Baumwollservietten habe ich ein halbes Dutzend für zehn Mark gekauft. Die cremigen Stencil-Farben werden mit speziellen Borstenpinseln durch die Öffnungen der Schablone gestupft und sind nach einer zweiwöchigen Trocknungszeit und anschließendem Einbügeln waschfest. Wer möchte, kann passend zu den Servietten auch Sets oder eine Tischdecke mit dem gleichen Dessin, etwa einer Rosenborte, verzieren.

Tortenspitzen eignen sich keineswegs nur als Unterlage auf der Kuchenplatte. Schneiden Sie kleine Ornamente aus und kleben Sie jeweils eins davon auf eine einfarbige Papierserviette (unten links). Wichtig ist auch in diesem Fall, daß die Serviette verwendbar bleibt. Der Kleber darf also nicht durchdringen und sollte auf jeden Fall unbedenklich sein. Befestigen Sie das Ornament also nur mit zwei oder drei winzigen Tupfern oder legen Sie es überhaupt nur auf. Anstelle der Tortenspitze sehen auch die nostalgischen Albumbildchen („Oblaten") hübsch aus.

Serviettenringe

Am einfachsten und sicher auch am gebräuchlisten ist es, die Serviette in einem Ring nebem dem Teller zu plazieren. Gerade in der Familie, wo nicht nach jeder Mahlzeit alle Servietten in die Wäsche wandern, erkennt jeder sein Exemplar am individuellen Ring. Die Auswahl an Serviettenringen ist riesig: Neben klassischen Modellen aus Silber oder Zinn gibt es auch moderne Kreationen aus Edelstahl, bemaltem Holz oder Kunststoff. Manche haben die Gestalt von Garnelen oder exotischen Früchten, andere sind abstrakt-futuristisch geformt.
Selbstverständlich kann man Serviettenringe auch selbst herstellen: Mit Stoff überzogene oder mit Bast umwickelte Pappringe, mit Blumen verzierte Gardinenringe oder einfach ein Tomatenmark-Döschen, bei dem Boden und Deckel vorsichtig entfernt wurden, geben originelle Ringe ab.
Voraussetzung ist nur, daß der Durchmesser groß genug für die Serviette ist, die durch den Ring gezogen werden soll.

Für besondere Anlässe sehen mit Schleifen oder Quasten geschmückte Servietten besonders schön aus. Grundsätzlich eignen sich alle Arten von Geschenkbändern, Schnüren, Kordeln, Schleifen, Troddeln und Dekorationsmaterialien wie echte und künstliche Blumen, Efeuranken oder Muscheln. Besonders gut zu formen sind die neuartigen Bänder, in deren Ränder dünner Draht eingearbeitet ist.
Entscheidend für die Wahl des Materials ist, zu welchem Anlaß Sie den Tisch decken und welches Service Sie verwenden wollen. Zu einem Steingutgeschirr und ländlichen Servietten passen derbere Bänder und Kordeln aus Jute oder Bast, für eine festliche Tafel dekorieren Sie edlere Servietten mit glänzenden Bändern, Blüten, farblich passenden Quasten oder glitzernden Sternen.

Bei einer Nachmittagseinladung zu Kaffee oder Tee wirken Servietten mit einer duftigen Schleife aus Spitze sehr romantisch (Bild unten). Stimmen Sie Servietten und Bänder farblich auf Service und Tischtuch ab. Die Serviette rollen Sie zur Tüte, legen ein etwa 60 cm langes Stück Spitze um die gerollte Serviette und formen die beiden Enden so zur Schleife, wie es die Zeichnung zeigt. Ziehen Sie ein etwa 40 cm langes Stück schmales Satinband unter dem breiten Band durch und binden Sie es zu einer Schleife – fertig.

Aus farbiger Kordel und Quasten können Sie mit der Heißklebepistole außergewöhnliche Serviettenringe anfertigen (Bild rechts): Pro Ring benötigen Sie einen Meter Kordel und eine passende Quaste. Halbieren Sie die Kordel und umwickeln Sie die Enden mit Klebeband, damit sie nicht aufdröseln. Wickeln Sie ein 50-cm-Stück Kordel dreimal um eine Papprolle (etwa den Kern einer Küchenrolle) und kleben Sie Anfang und Ende auf der Oberseite mit der Klebepistole zusammen (Zeichnung 1).

Legen Sie das zweite Stück Kordel zur Hälfte zusammen (Zeichnung 2).
Mit diesem zusammengelegten Stück Kordel binden Sie einen ganz normalen Knoten (Zeichnung 3).
Den Knoten drücken Sie etwas flach, ziehen ihn gleichmäßig auseinander und kleben Anfang und Ende der Kordel auf der Rückseite fest. Das kleine Stückchen Aufhängeschnur der Quaste befestigen Sie ebenfalls mit Heißkleber auf der Rückseite des Knotens. Diese ganze Einheit kleben Sie nun auf dem Kordelring auf die Verbindungsstelle von Anfang und Ende. Wenn alles gut hält, können Sie die Kartonrolle herausziehen.

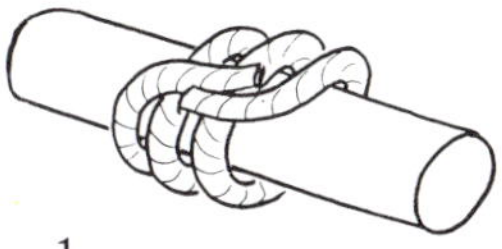

1

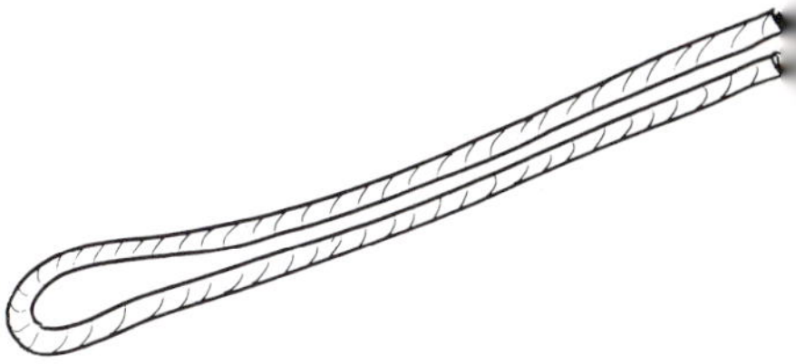

2

3

Faltungen

Asymmetrie zum Frühstück

Zu einem ausgefallenen, modernen Geschirr passen keine brav gefalteten Servietten. Wir haben sie einfach asymmetrisch gelegt. Das geht schnell und sieht ungewöhnlich aus.

1. Die Serviette kommt bereits zweimal gefaltet aus der Packung. Eine Seite schräg über die andere falten.

2. Die Serviette auf den Teller legen.

Ganz einfach

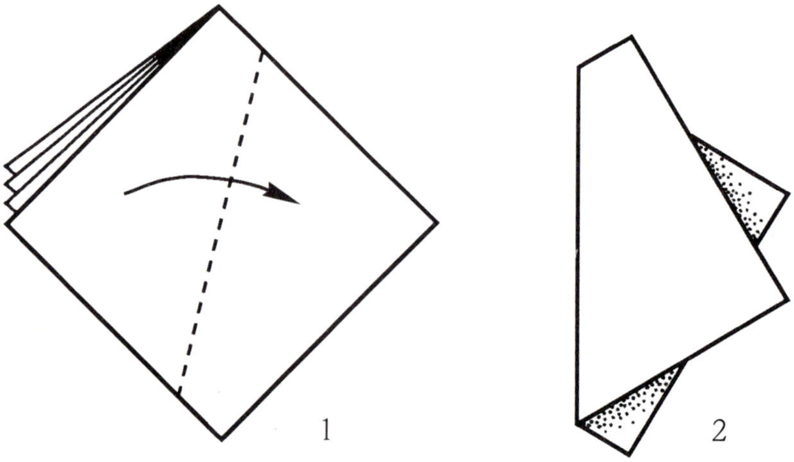

1. Die Serviette kommt bereits zweimal gefaltet aus der Packung.
Eine Faltung öffnen, das Rechteck noch einmal längs falten.

2. Den entstandenen Streifen schräg neben der Mitte zusammenfalten.

3. Die Serviette auf den Teller legen.

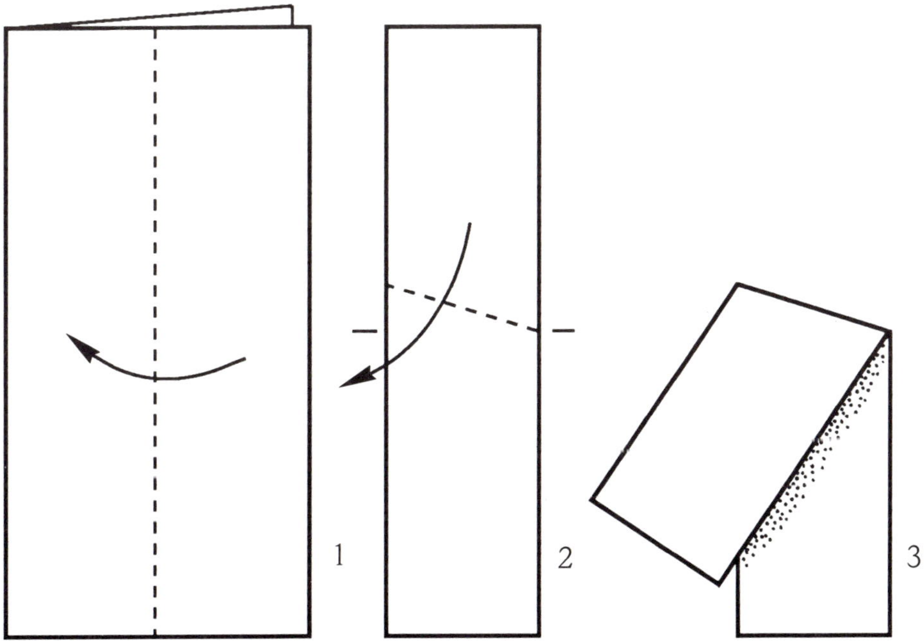

Meine Empfehlung:

Papierserviette

Für Kinder: Boot und Haus

Über das Boot für den kleinen Tiger und das Haus, in dem Fuchs und Hase einander gute Nacht sagen können, freuen sich die Jüngsten. Beides ist so einfach zu falten, daß die Kinder selbst schon mithelfen können.

Boot

1. Die Serviette ausbreiten und einmal in der Mitte zusammenlegen.

2. Auf der geschlossenen Seite beide oberen Ecken zur unteren Mitte legen.

3. Den unteren Rand einige Zentimeter breit nach oben umknicken.

4. Das fertige Schiff kann mit einem Zahnstocher und einen Papierwimpel (z.B. als Tischkarte) verziert werden.

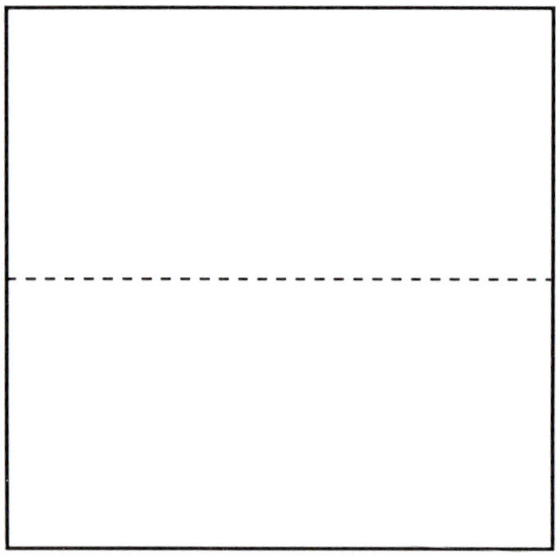

1

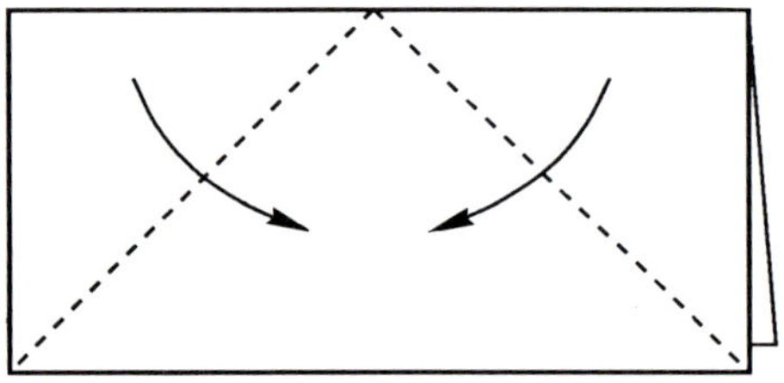

2

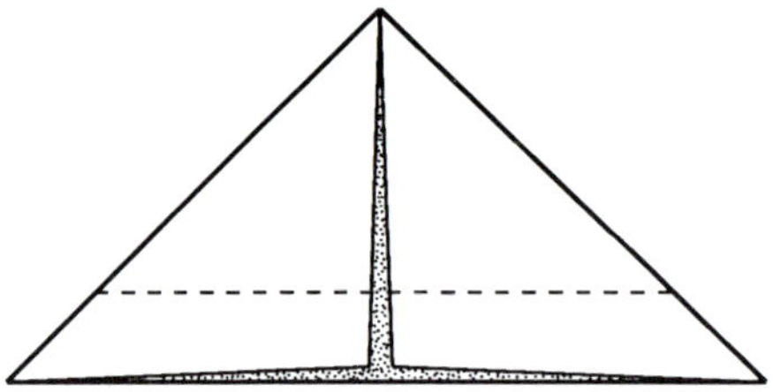

3

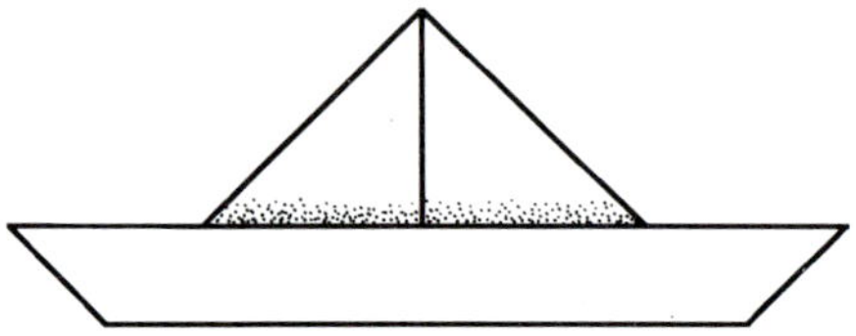

4

Ganz einfach

Haus

1. Die Serviette kommt bereits zweimal gefaltet aus der Packung.

2. Die geschlossene Ecke hinten nach oben knicken.

3. Die seitlichen Spitzen so nach hinten falten, daß eine Hausform entsteht.

4. Die Spitzen hinten zusammenstecken.

5. Dach und Tür aus Buntpapier ausschneiden und vorsichtig mit einem unbedenklichen Papierkleber auf der Serviette befestigen.

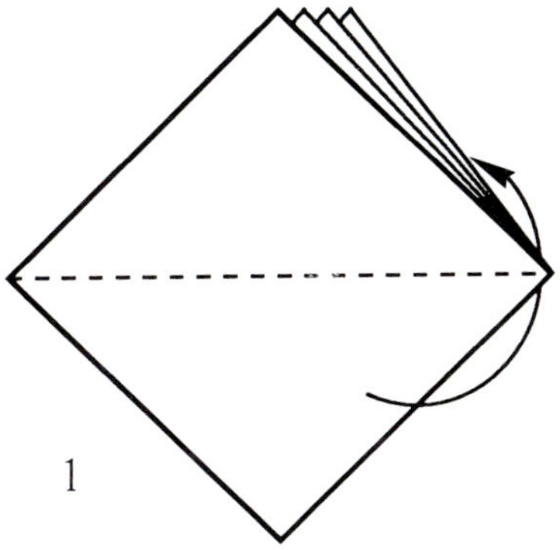

1

4

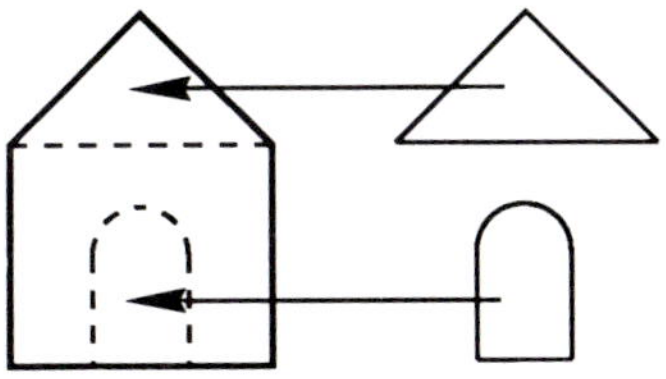

5

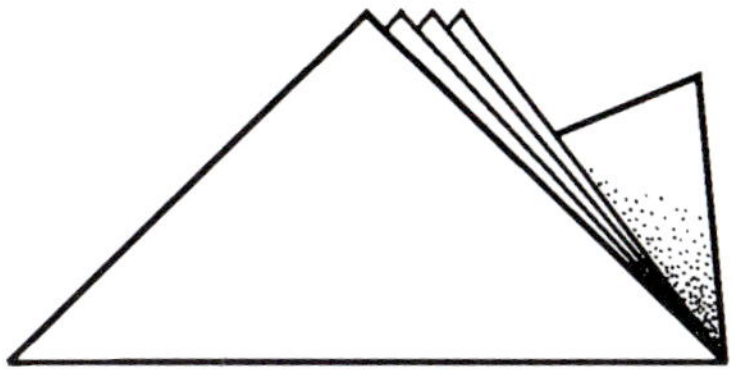

2

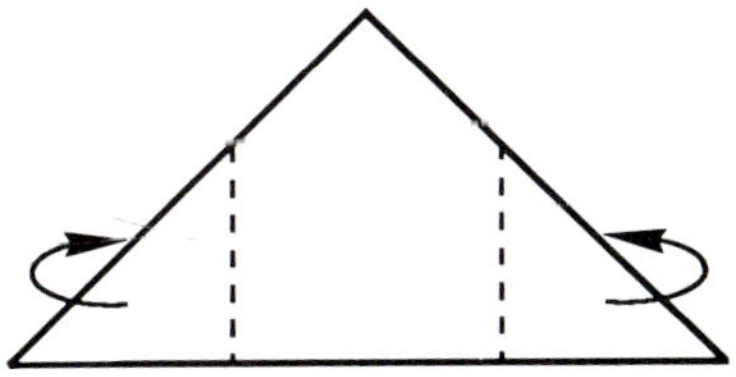

3

Meine Empfehlung:

Papierserviette

Schleife

Im Fasching, beim Kindergeburtstag oder auch zum Sommerfest sieht eine solche Schleife lustig aus. Weil sie so schnell gemacht ist, können Sie die Schleifen auch für eine größere Gesellschaft anfertigen.

1. Die Serviette kommt bereits zweimal gefaltet aus der Packung. Von zwei Ecken her gleichmäßig raffen.

2. Die Schleife mit Kräuselband abbinden. Achten Sie darauf, daß sich der Knoten leicht wieder lösen läßt, damit Ihre Gäste die Serviette auch verwenden können.

Ganz einfach

Meine Empfehlung:

Papierserviette

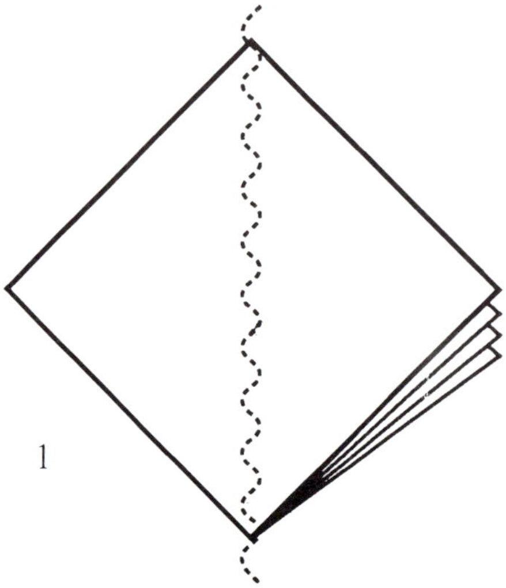

1

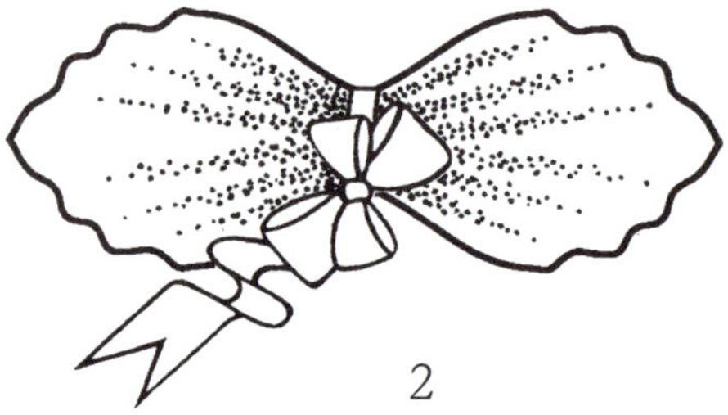

2

Rolle

Die Rolle ist eine der einfachsten Serviettenformen, kann aber durchaus effektvoll aussehen. Die Serviette mit den Randstreifen in den italienischen Farben ist ein Geschirrtuch aus echtem Leinen. Zu einem Spaghetti-Essen habe ich das Tuch einfach zusammengerollt und durch einen Ring aus einem Tomatenmark-Döschen gesteckt (Deckel und Boden vorsichtig mit dem Dosenöffner herausschneiden). Grüne und rote Bänder auf einer weißen Tischdecke ergänzen die Dekoration.

1. Die Serviette ausbreiten.

2. In der Mitte falten (linke Seite innen).

3. Von der Schmalseite her aufrollen.

4. Die fertige Rolle kann mit oder ohne Serviettenring auf oder neben dem Teller plaziert werden.

Variante:
Eine Doppelrolle entsteht, wenn man die Serviette von beiden Schmalseiten her aufrollt. Eine Schleife gibt der Rolle zusätzlich Halt.

Meine Empfehlung:

Stoffserviette

Ganz einfach

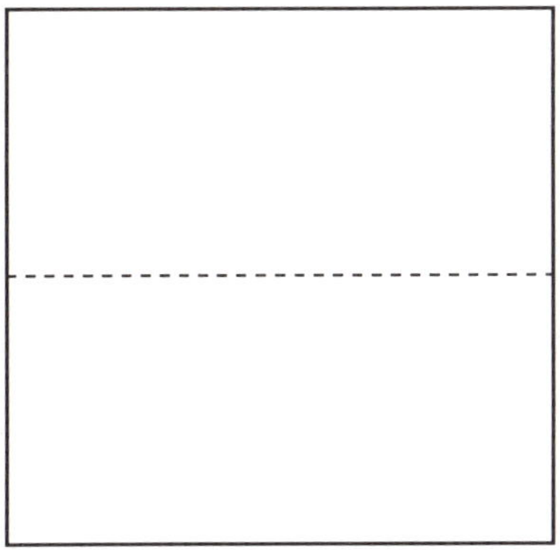
1

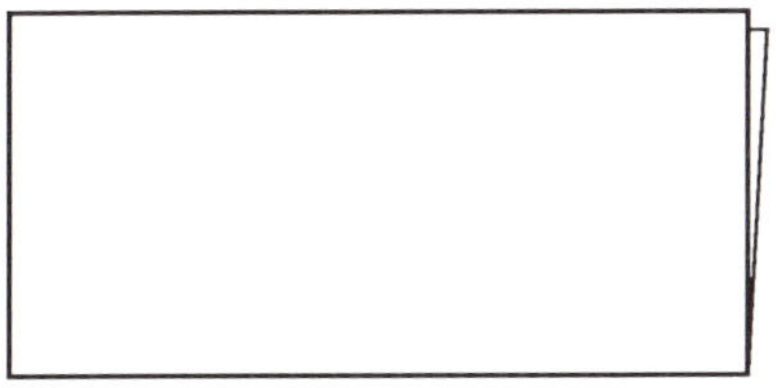
2

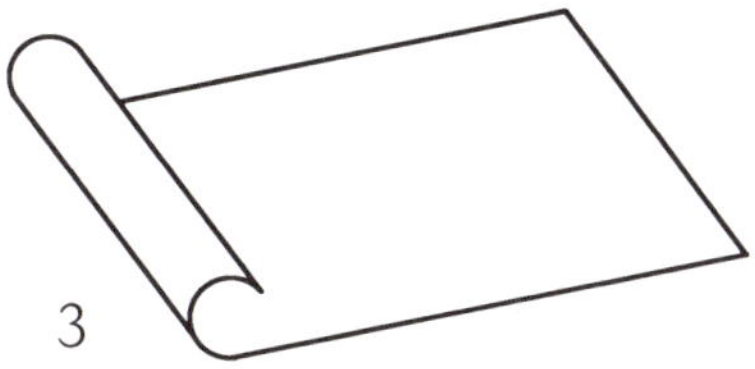
3

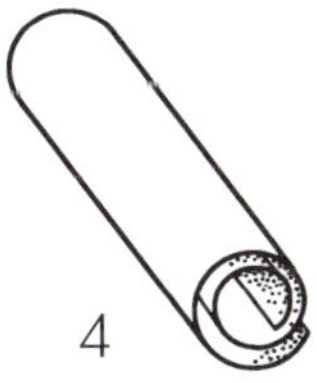
4

Achterrolle und dreifache Welle

Die Achterrolle, auch zweifache Welle genannt, und die dreifache Welle gehören zu den ganz „schnellen" Faltungen, wirken aber dekorativer als eine lieblos unters Messer gelegte Serviette. Die dreifache Welle habe ich aus einem originellen Geschirrtuch mit der Aufschrift „Bistro" gelegt.

Ganz einfach

Meine Empfehlung:

Stoffserviette (mindestens 40 x 40 cm)

Achterrolle

1. Serviette ausbreiten.

2. In der Mitte zum Rechteck falten (linke Seite innen).

3. Serviette von den Schmalseiten her aufrollen.

4. Die rechte Seite nach unten einrollen, die linke Seite nach oben.

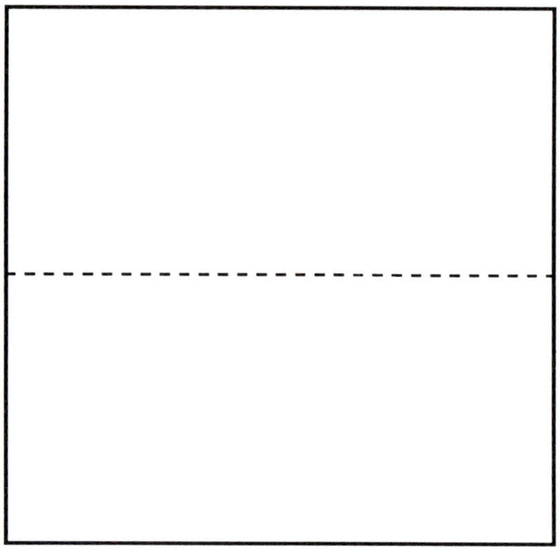

1

Dreifache Welle

Die Schritte **1.–3.** sind die gleichen wie bei der Achterrolle, allerdings werden die Seiten nicht so weit eingerollt. Stattdessen wird auch die Mitte der Serviette nach rechts eingeschlagen, so daß eine dritte Welle entsteht.

Die auf dem Foto abgebildete Serviette habe ich nach links eingeschlagen, also quasi seitenverkehrt gearbeitet, um den Schriftzug „Bistro" lesbar zu machen.

3

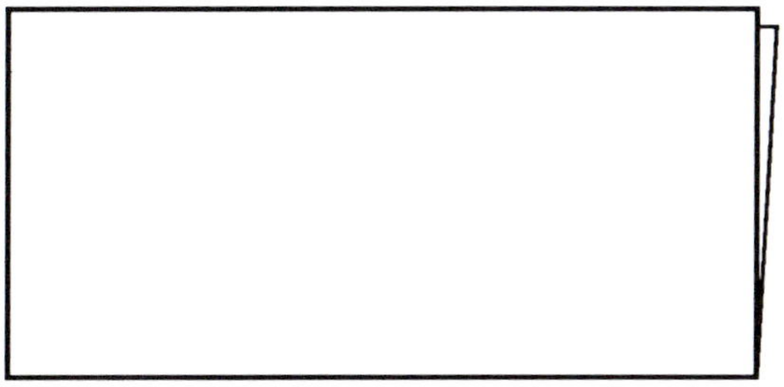

2

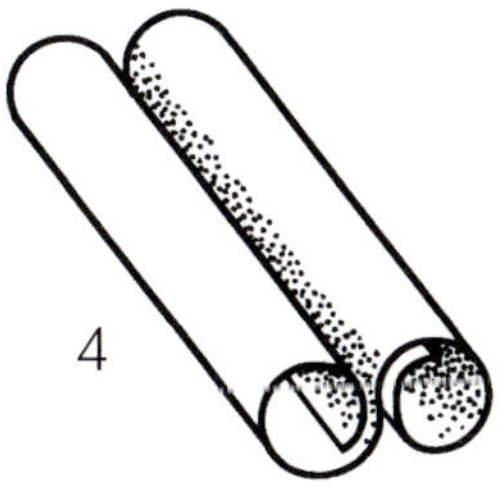

4

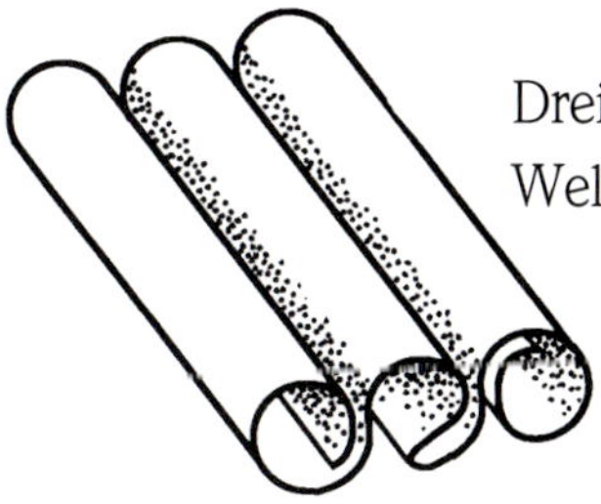

Dreifache Welle

Bierstengel

Besonders in schlanken, hohen Gläsern kommt diese Serviettenform gut zur Geltung. Sie ist auch aus Papierservietten leicht und schnell nachzuarbeiten.

Ganz einfach

Meine Empfehlung:

Papierserviette
Zelltuchserviette

1. Serviette ausbreiten.

2. Diagonal zum Dreieck falten (linke Seite innen).

3. Von der Basis des Dreiecks her aufrollen.

4. In der Mitte knicken und in ein Glas stellen oder mit einem Band zusammenhalten.

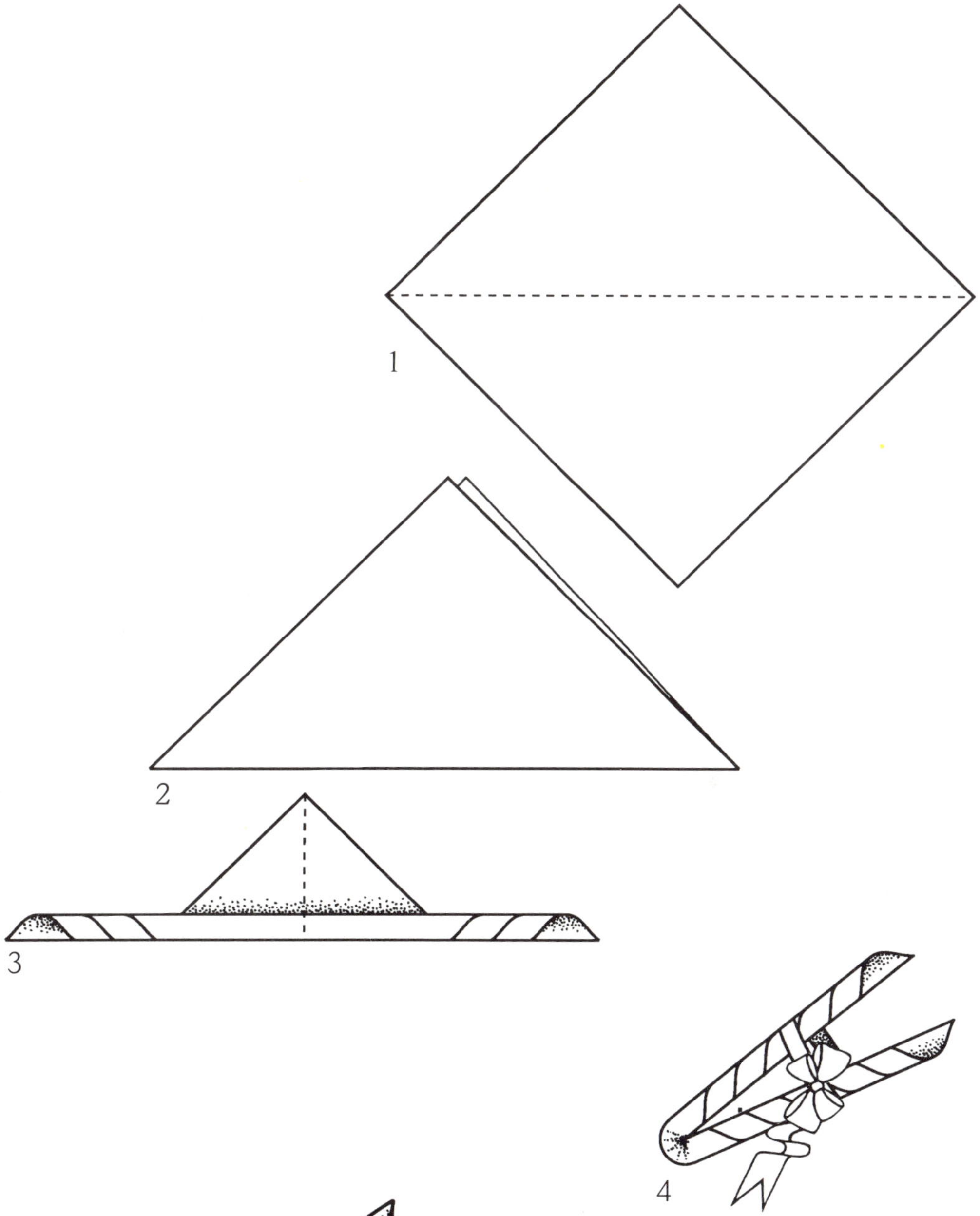

Variante:
Wenn man die Serviette nicht ganz aufrollt, sondern bereits nach wenigen Wicklungen knickt, entsteht die Wünschelrute, auch Segelboot genannt (Zeichnung rechts).
Sie wird auf den Teller gelegt.

Bestecktasche I

Einfach

Die Bestecktasche ist genau die richtige Serviettenform für einen rustikalen Imbiß. Die Servietten sollten allerdings nicht zu klein sein, damit Messer und Gabel Platz haben.

1. Die Serviette ausbreiten.

2. In der Mitte zum Rechteck falten (linke Seite innen).

3. In der Mitte quer zum Quadrat falten und von der offenen Spitze her die oberste Lage in mehreren Schritten zur Mitte falten, so daß parallel zur Mitteldiagonale ein Band entsteht.

4. Die zweite Lage ebenfalls in mehreren Schritten bis zu diesem Band falten.

5. Die Seiten nach hinten einschlagen, so daß ein schmales Rechteck entsteht.

6. Jetzt kann das Besteck in die entstandene Tasche geschoben werden.

Meine Empfehlung:

Stoffserviette (mindestens 40 x 40 cm)

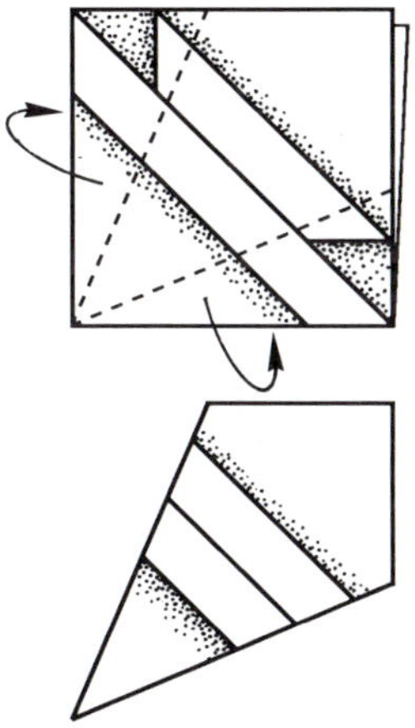

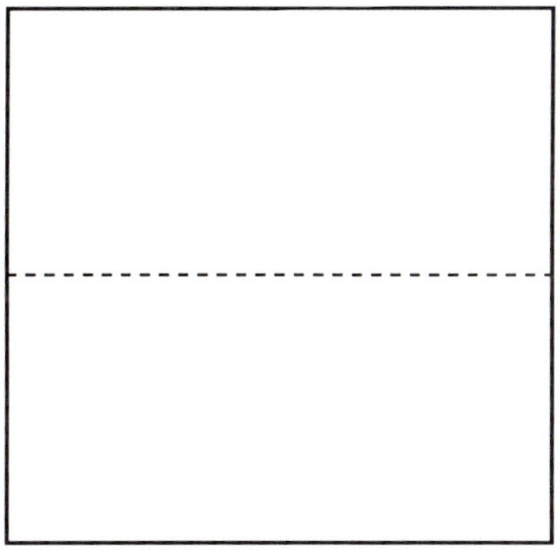

1

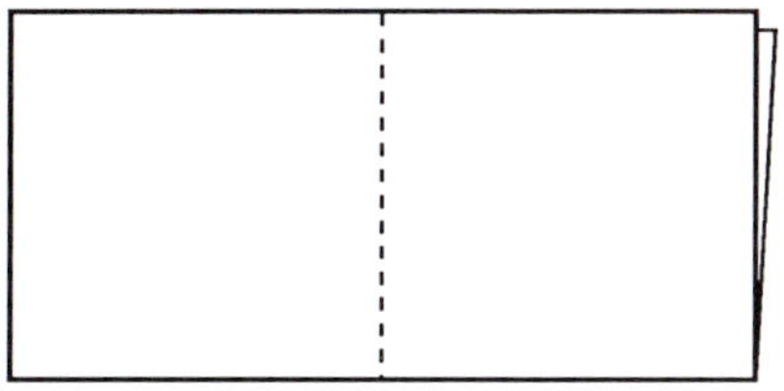

2

Variante:

Die Eistüte wird bis zu Schritt **4** gefaltet wie die Bestecktasche. Dann allerdings werden nicht die beiden einander gegenüberliegenden Seiten nach hinten eingeschlagen, sondern die beiden nebeneinanderliegenden, geschlossenen Seiten schräg nach hinten gelegt. Wenn man für diese Form bedruckte Papierservietten verwendet, erscheint das erste Band weiß, weil die unbedruckte Innenseite der Serviette nach außen gefaltet wird. Nützen Sie die Servietten als Tischkarten, indem sie Namen auf den weißen Streifen schreiben.

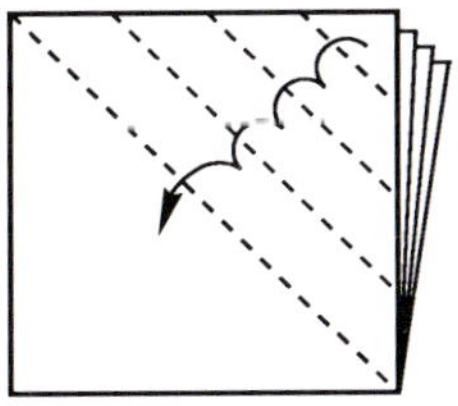

3

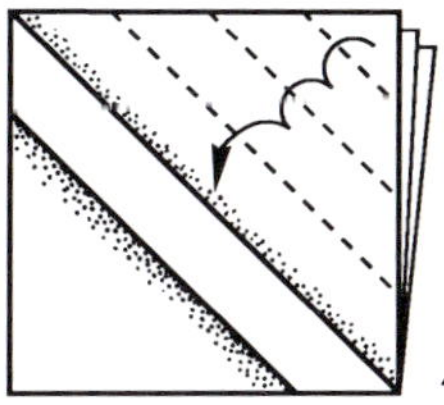

4

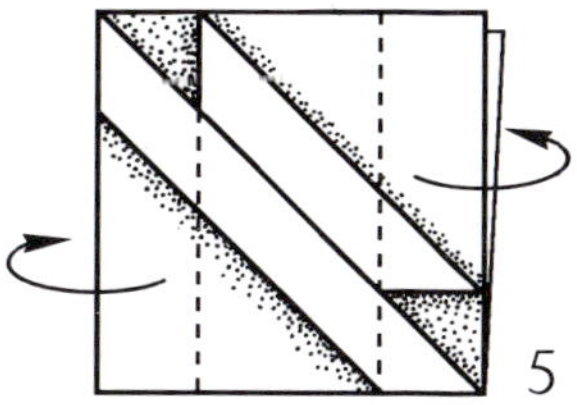

5

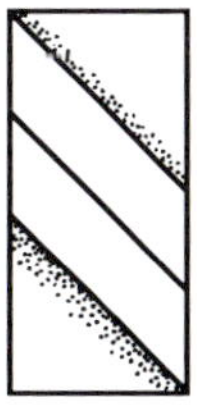

6

Bestecktasche II

Für diese Form der Bestecktasche eignen sich mit Spitzen oder Fransen verzierte Servietten gut, denn die nach unten umgeschlagenen Ecken bringen solche Details gut zur Geltung.

1. Serviette ausbreiten

2. In der Mitte falten.

3. Noch einmal in der Mitte falten und die oberste Lage an der Diagonale nach unten klappen.

4. Nacheinander auch die zweite und dritte Lage leicht übereinander versetzt nach unten falten.

5. Die rechte und linke Ecke des Quadrats nach hinten schlagen.

Einfach

Meine Empfehlung:

Stoffserviette (mindestens 40 x 40 cm)

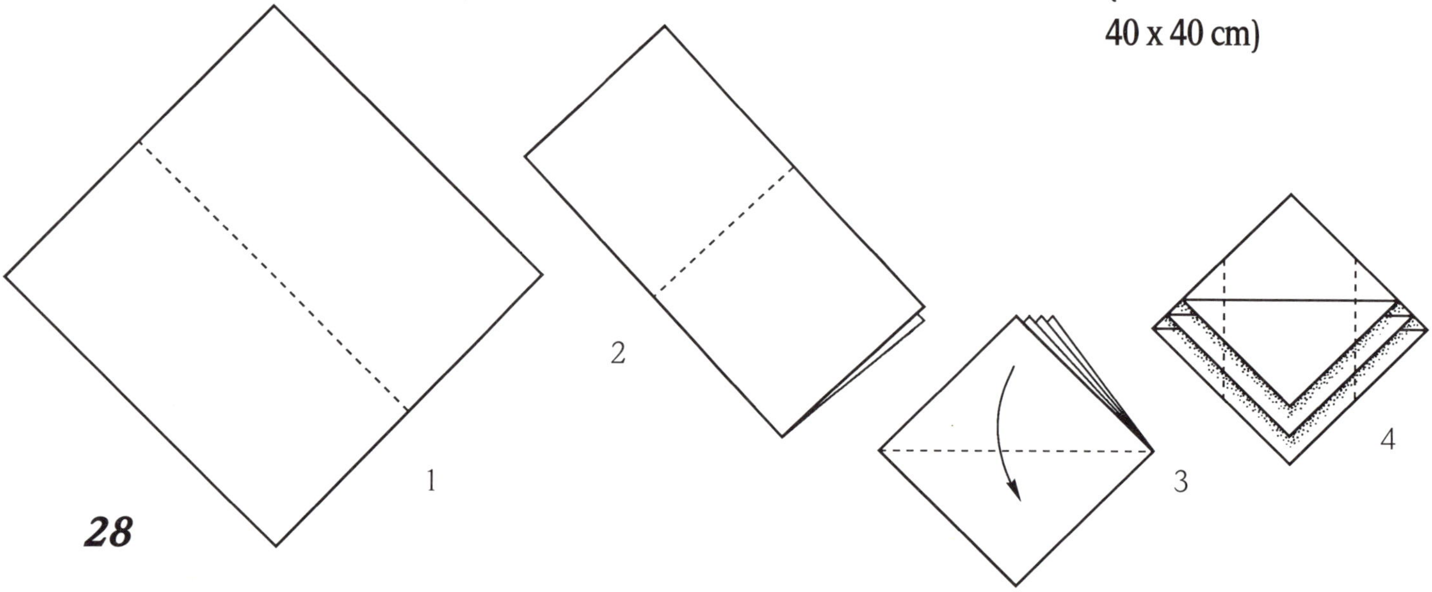

Spitzhut

Der Spitzhut begegnet uns in vielen Restaurants. Er läßt sich aus einer gestärkten Stoffserviette ebenso gut formen wie aus den modernen Zelltuchservietten.

1. Serviette ausbreiten.

2. In der Mitte zum Rechteck falten (linke Seite innen). Die senk-

Einfach

rechte Mitte des Rechtecks durch einen leichten Knick markieren.

3. Die linke Hälfte bis zur Markierung zur Tüte rollen.

4. Die rechte untere Ecke auf die Spitze der linken Hälfte legen.

5. Die übereinanderliegenden Ecken nach außen und oben umschlagen.

6. Eine Ecke steht nun zur Seite ab.

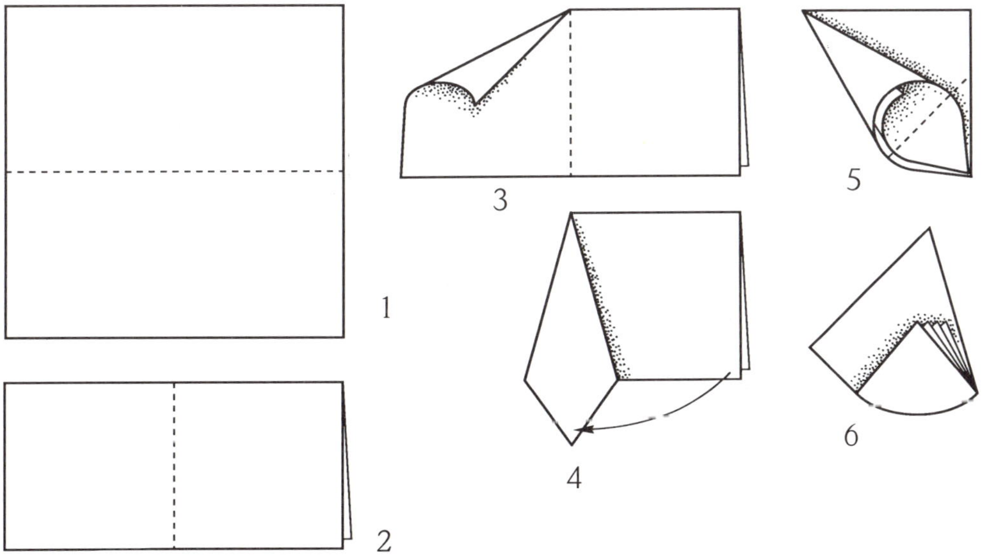

Meine Empfehlung:

Stoffserviette (mindestens 40 x 40 cm) Zelltuchserviette

Mütze mit Umschlag

Einfach

Die Mütze ist eine besonders beliebte Faltung. Kein Wunder, denn sie wirkt apart und ist ganz leicht herzustellen. Mit einfachen Papierservietten läßt sich die Mütze am besten ohne Umschlag falten, mit Zelltuchservietten hingegen gelingt auch die Mütze mit Umschlag.

1. Serviette ausbreiten.

2. In der Mitte falten.

3. Noch einmal in der Mitte falten und die untere, geschlossene Ecke an der Diagonale nach oben knicken.

4. Die oberste, geschlossene Ecke auf die Basis des Dreiecks falten.

5. Die rechte und linke Ecke des Dreiecks nach hinten biegen.

6. Die beiden Ecken auf der Rückseite zusammenstecken.

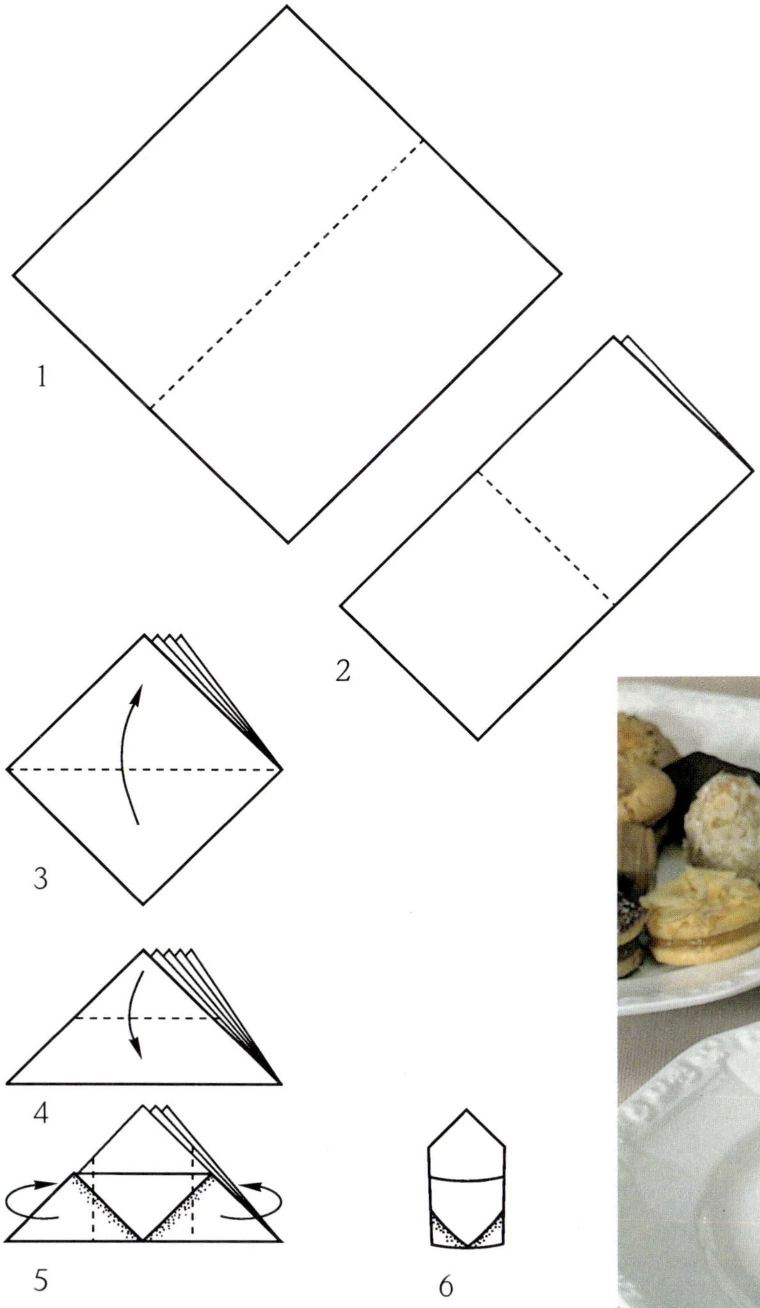

Meine Empfehlung:

Zelltuchserviette
Papierserviette

Variante:
Aus Papierservietten läßt sich eine einfachere Variante auf die gleiche Weise, allerdings ohne Schritt 4, falten.

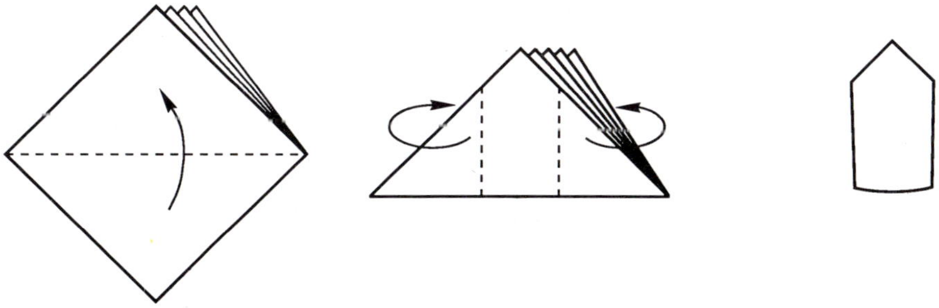

Tafelspitz

Den Tafelspitz gibt es als einfache Ausführung mit zwei „Flügeln“ (Foto Seite 33) oder als doppelten Tafelspitz mit vier nach vorne weisenden Spitzen – eine schöne, klare Form, die jede Serviette gut zur Geltung bringt.

Doppelter Tafelspitz

1. Serviette ausbreiten.

2. In der Mitte zum Rechteck falten (linke Seite innen). Die linke untere Ecke der oberen Lage auf die rechte untere Ecke ziehen.

3. Es ist ein Dreieck entstanden, dessen Spitze auf der Mittellinie des ursprünglichen Rechtecks liegt. Die rechte untere Ecke des Dreiecks auf die linke untere Ecke legen.

4. Nun mit den beiden rechten Ecken verfahren wie bei Schritt 2 und 3: Die rechte Ecke der oberen Lage nach links ziehen.

5. Die rechte untere Ecke des Dreiecks ebenfalls nach links legen.

6. Die Serviette aufstellen und die vier Spitzen regelmäßig anordnen.

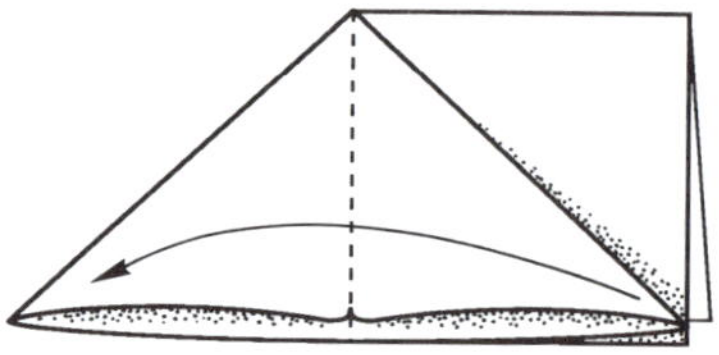

3

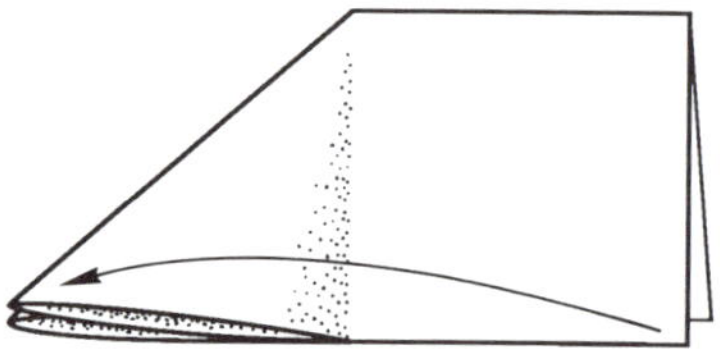

4

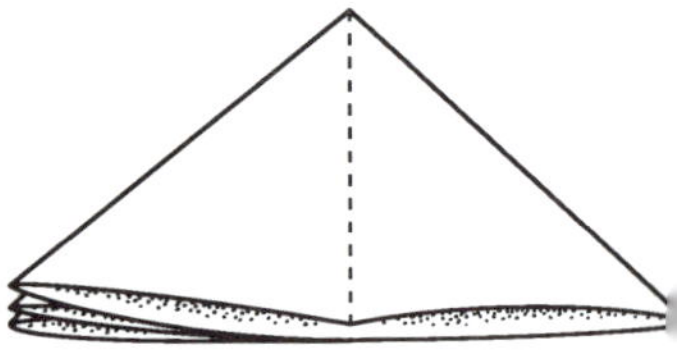

5

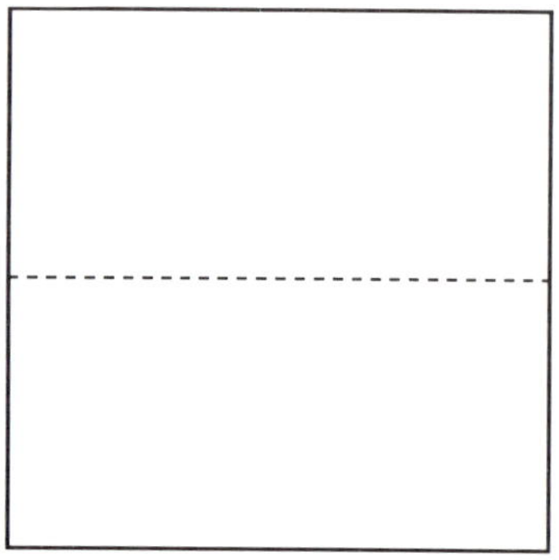

1

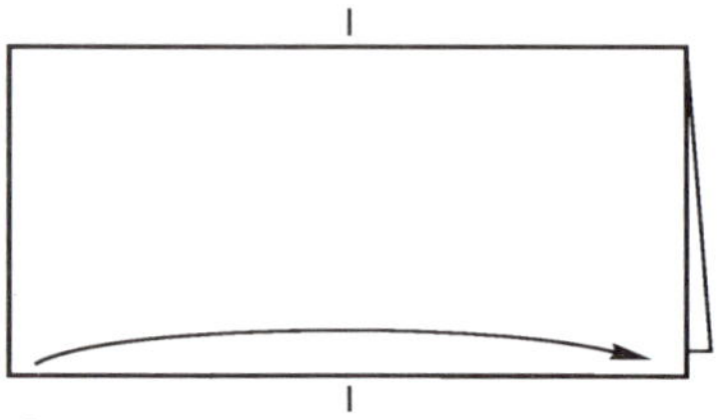

2

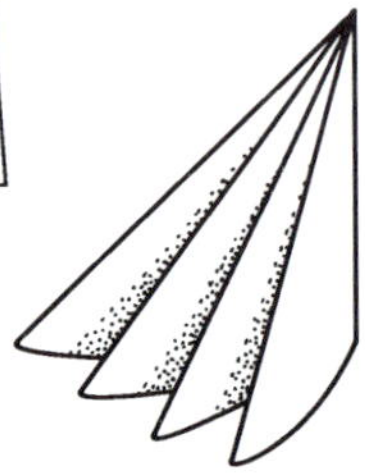

6

Einfacher Tafelspitz

Der einfache Tafelspitz läßt sich ganz leicht aus einer Papierserviette arbeiten.

1. Serviette ausbreiten.

2. In der Mitte zum Rechteck falten und die rechte und linke obere Ecke zur unteren Mitte falten.

3. Die ursprüngliche Oberkante liegt nun links und rechts der senkrechten Mittellinie.

4. Die Serviette entlang der senkrechten Mittellinie nach vorn zusammenklappen und aufstellen.

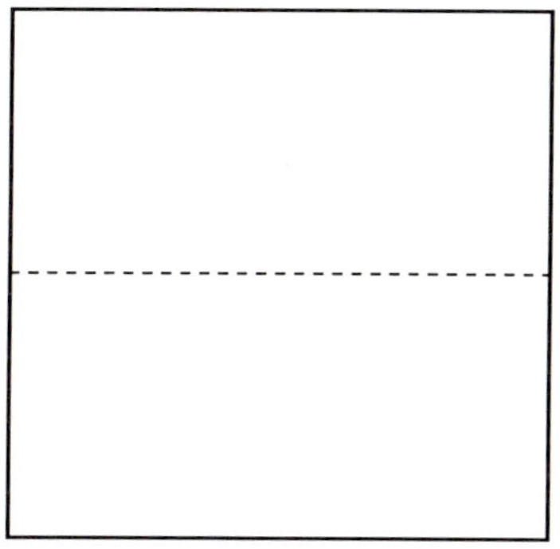

1

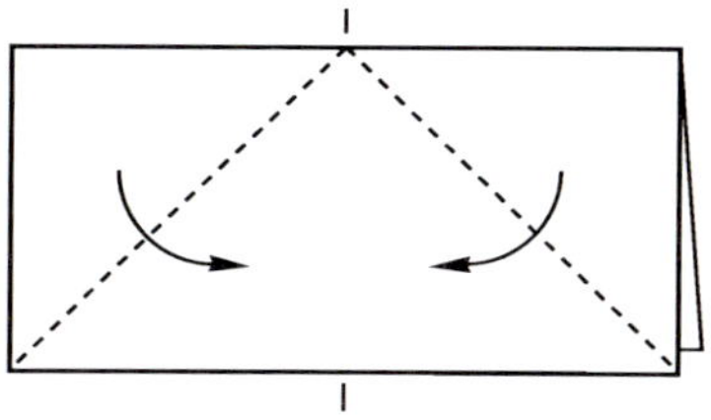

2

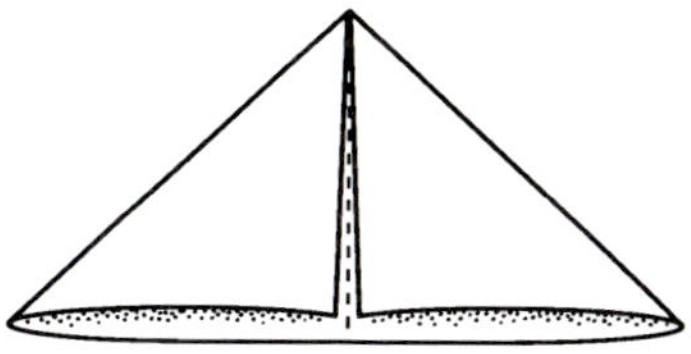

3

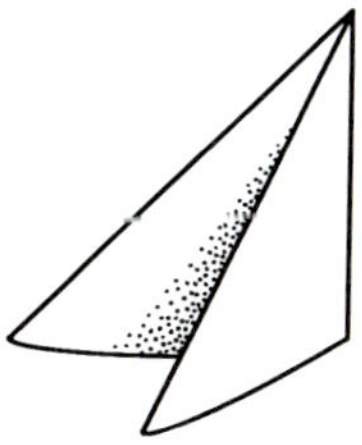

4

Einfach

Meine Empfehlung:

Stoffserviette
Papierserviette

Bischofsmütze

Mittel-schwer

Die Bischofsmütze läßt sich nach zwei Methoden falten: Einmal gerät sie ringförmig wie auf unserem Foto (Weg 1), das andere Mal ist der Mittelteil geschlossen wie bei einer echten Mütze (Weg 2).

Bis zu Schritt 4 werden beide Varianten der Bischofsmütze auf die gleiche Weise gefaltet:

1. Serviette ausbreiten.

2. In der Mitte zum Rechteck falten. Die linke obere Ecke zur unteren Mitte, die rechte untere Ecke zur oberen Mitte falten.

3. Es ist ein Parallelogramm entstanden.

4. Die Figur umdrehen, so daß die Dreiecke auf der Rückseite und die beiden spitzen Winkel links unten und rechts oben liegen.

Weg 1

5. Die obere Hälfte des Parallelogramms nach unten falten. Das rechte Dreieck kommt automatisch nach oben. Das linke Dreieck zunächst nach hinten und dann über die Unterkante nach vorn falten.

6. Die Form zu einem Oval biegen und die Ecken auf der Rückseite ineinanderstecken.

7. Eine Mütze mit offenem Zentrum ist entstanden.

Weg 2

5. Die obere Hälfte des Parallelogramms nach unten falten. Das rechte Dreieck kommt automatisch nach oben. Das linke Dreieck in der Mitte nach vorn falten und die linke Ecke unter das rechte Dreieck stecken.

6. Das rechte Dreieck in der Mitte nach hinten falten und die Spitze unter das andere Dreieck stecken.

7. Den unteren Rand der Mütze etwas auseinanderziehen und die Serviette formen.

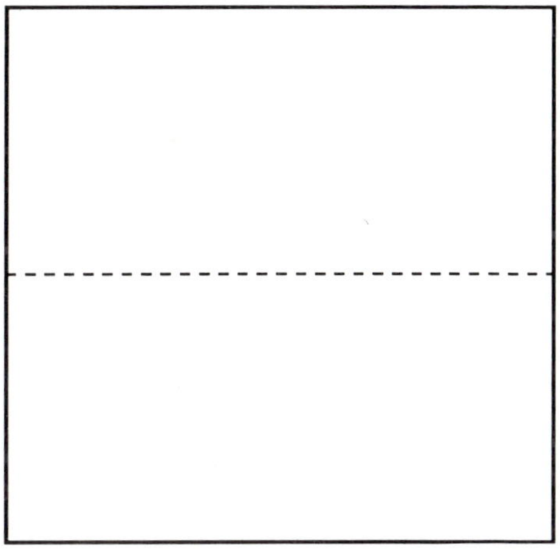
1

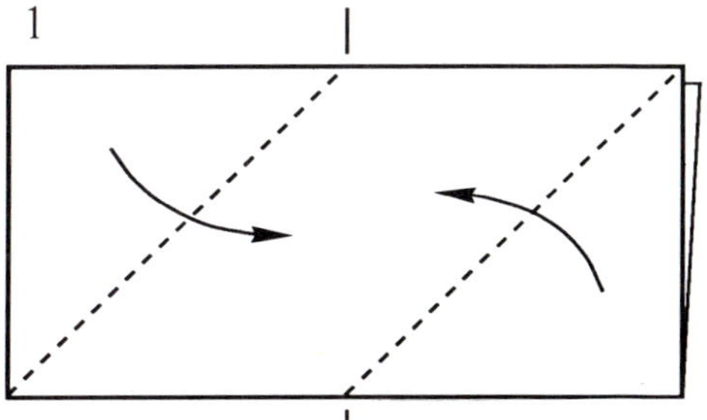
2

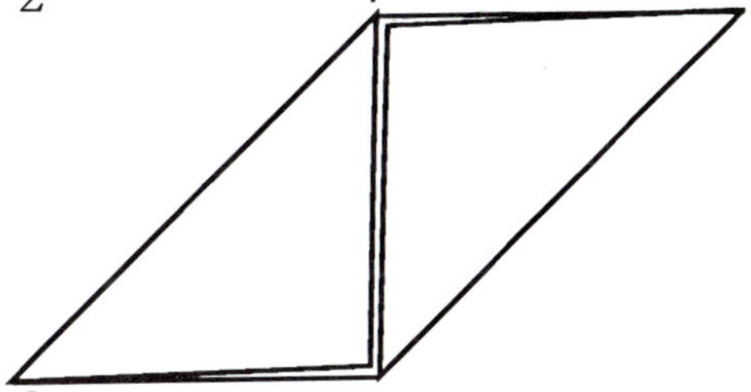
3

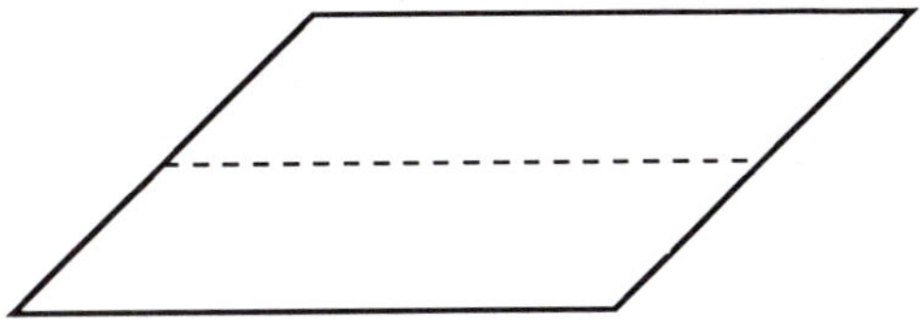
4

Weg 1

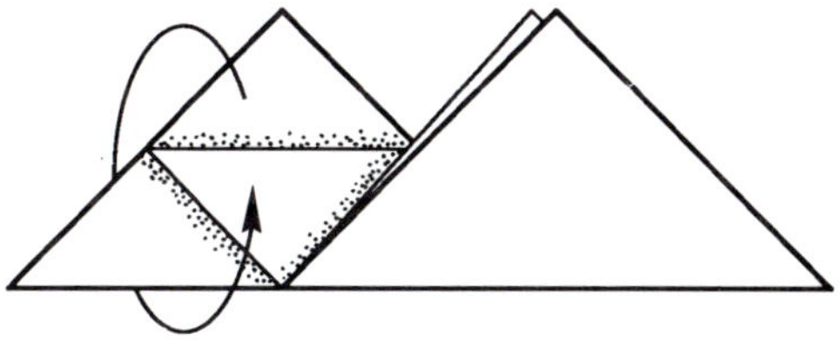
5

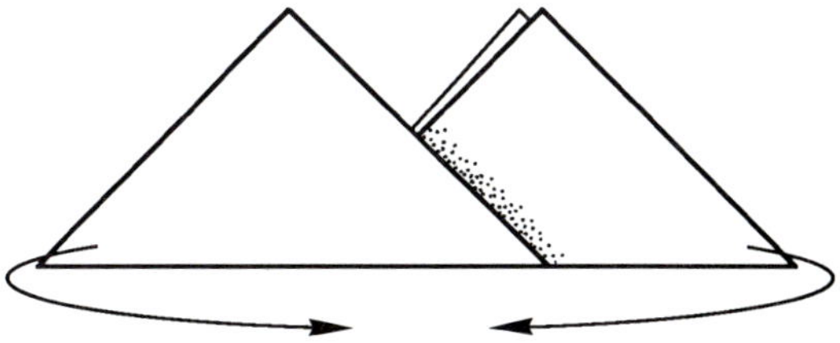
6

7

Weg 2

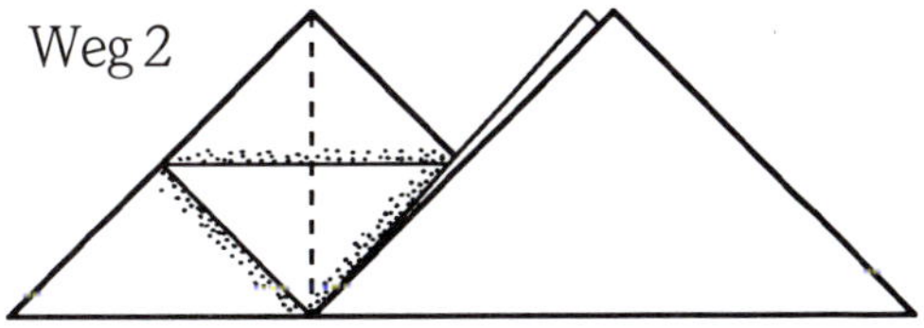
5

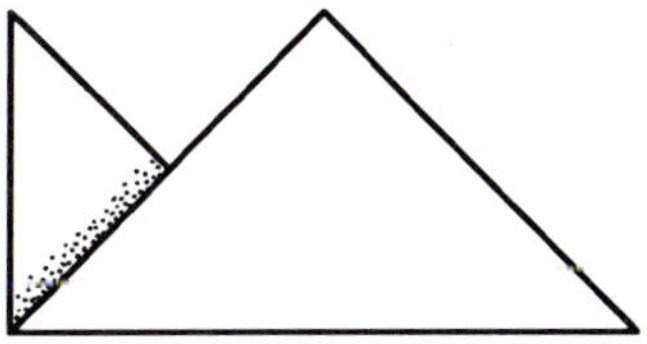
6

7

<u>Meine Empfehlung:</u>

Stoffserviette (mindestens 40 x 40 cm)
Zelltuchserviette
Papierserviette

Pyramide

Für die Pyramide ist etwas Fingerspitzengefühl nötig, sonst wird die Spitze leicht unförmig. Doch die Mühe lohnt sich, denn auf einem großen Teller, z.B. auf einem Platzteller, wirkt die Form prächtig.

1. Serviette ausbreiten (linke Seite oben).

2. Alle vier Ecken zur Mitte schlagen.

3. Das entstandene Quadrat in der Mitte nach unten klappen.

Mittel-schwer

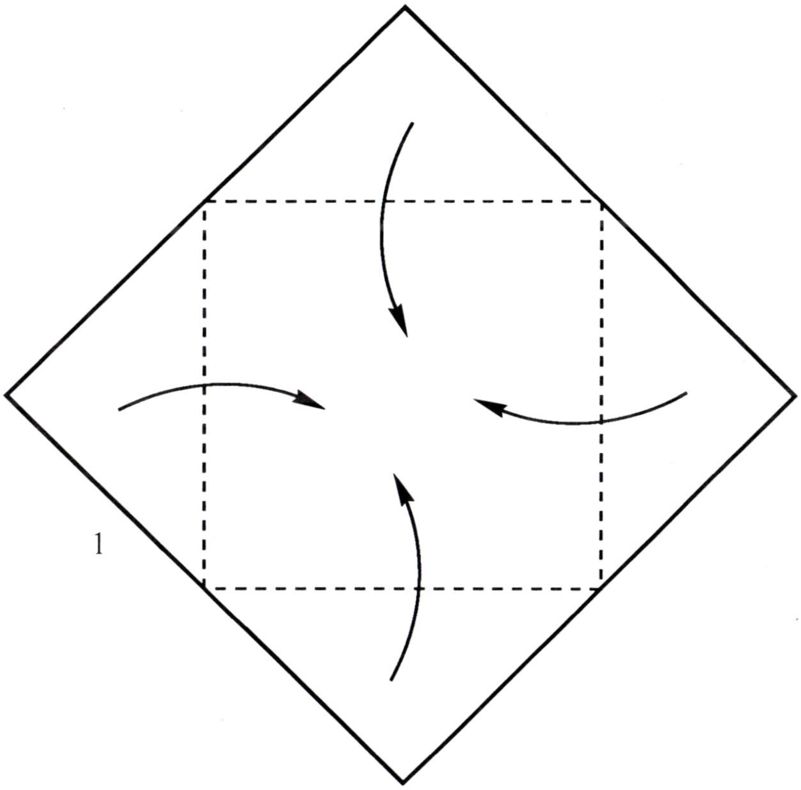

1

Meine Empfehlung:

Stoffserviette (mindestens 40 x 40 cm; gut stärken)

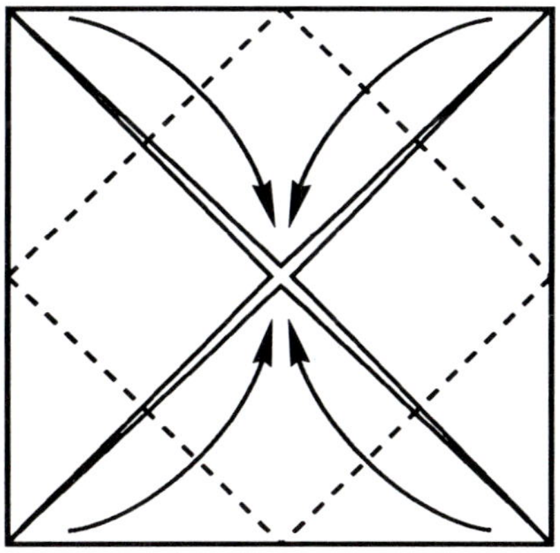

2

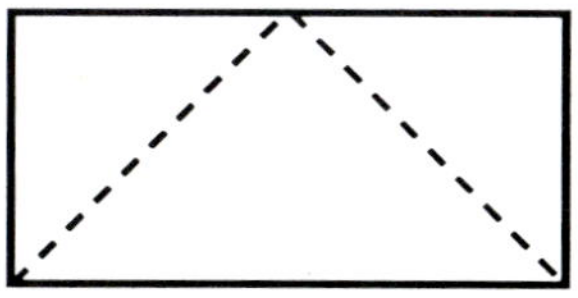

4

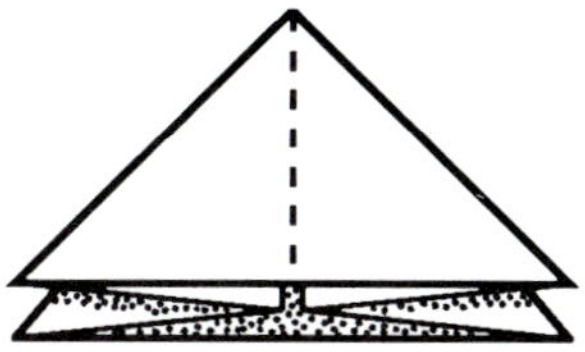

5

4. Die rechte und linke obere Ecke nach innen zur Mitte einschlagen.

5. Die vier Ecken sternförmig auseinanderbiegen und die Serviette aufstellen.

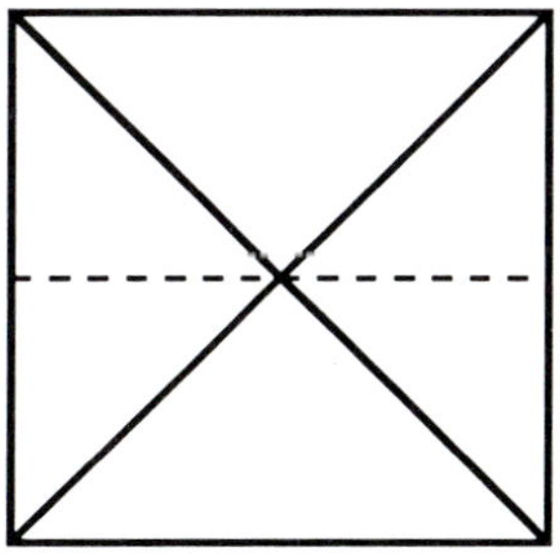

3

Pfeiler

Die klare, geometrische Form des Pfeilers harmoniert gut mit modernem Geschirr. Sie gelingt hervorragend mit Zelltuchservietten.

Einfach

1. Serviette ausbreiten.

2. In der Mitte zum Rechteck falten und die rechte und linke obere Ecke zur unteren Mitte falten.

3. Die ursprüngliche Oberkante liegt nun links und rechts der senkrechten Mittellinie. Nun die rechte und linke Seite des Dreiecks wieder zur Mittellinie falten.

4. Die unteren Ecken nach hinten umschlagen.

5. Die beiden Seiten des Dreiecks entlang der Mittellinie leicht nach vorne biegen und die Figur aufstellen.

Meine Empfehlung:

Zelltuchserviette
Stoffserviette

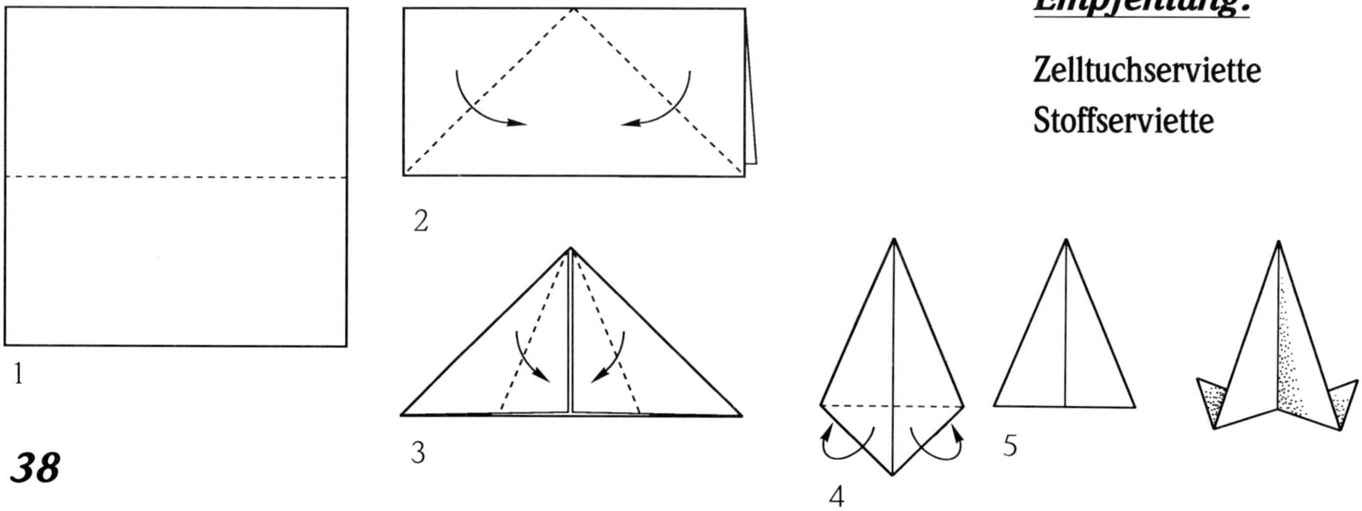

Tüte

Ganz einfach

Mein Tip:
Mit etwas Glück findet man Tüten aus Birkenrinde in Geschenkeläden oder Möbelhäusern. Ansonsten kann man aus Tonpapier oder auch aus einer Zeitung (vielleicht einer ausländischen mit kyrillischen oder chinesischen Schriftzeichen) selbst eine Tüte drehen.

Auffallende Muster wie das dieser provençalischen Serviette verlangen nach einer möglichst schlichten Gestaltung. In einer Tüte aus Rinde oder Karton kommen sie am besten zur Geltung.

1. Die Serviette zweimal in der Mitte zusammenlegen und die Seiten neben der geschlossenen Ecke leicht nach hinten umschlagen.

2. Die Serviette mit den umgeschlagenen Seiten nach vorn zusammenrollen.

3. In eine vorbereitete Tüte stecken.

Meine Empfehlung:

Stoffserviette (ca. 40 x 40 cm)

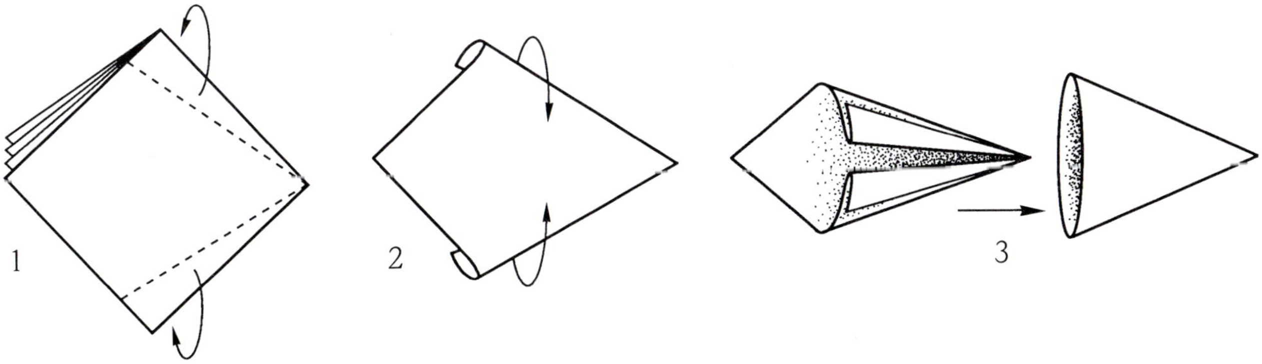

Fisch

Gerade für ein Fischessen ist diese Serviettenform eine originelle Idee. Auch einfachere Servietten eignen sich gut dafür, und die Fransen ergeben einen zusätzlichen Effekt.

1. Serviette ausbreiten (linke Seite oben).

2. Diagonal zusammenfalten (linke Seite innen).

3. Einen drei Zentimeter breiten Streifen an der langen Seite des Dreiecks nach oben umschlagen.

4. Serviette umdrehen und die rechte und linke Spitze des Dreiecks auf die untere Spitze falten.

5. Die nach unten weisenden „Flossen" nach rechts und links abknicken.

6. Der Winkel, in dem die Flossen gefaltet werden, bleibt dem persönlichen Geschmack überlassen.

7. Den fertigen Fisch umdrehen und auf dem Teller plazieren.

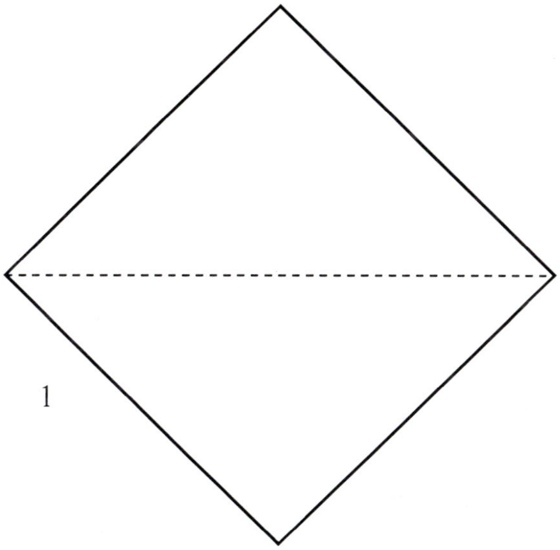

1

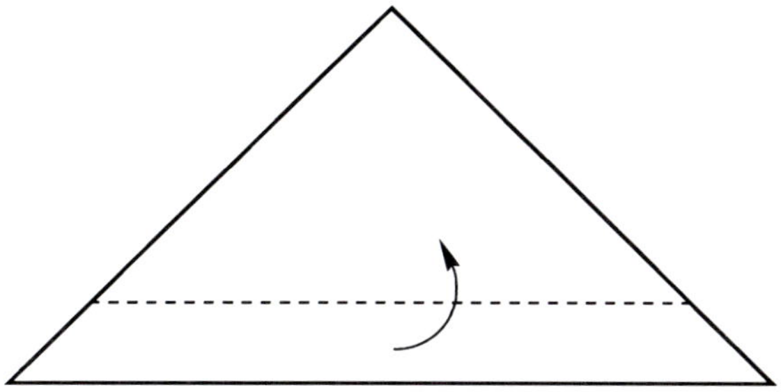

2

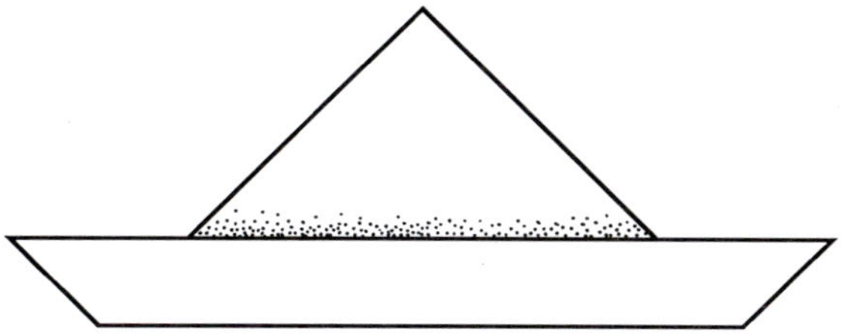

3

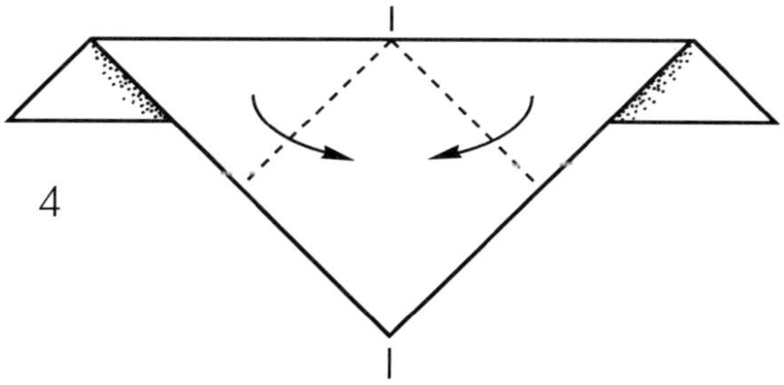

4

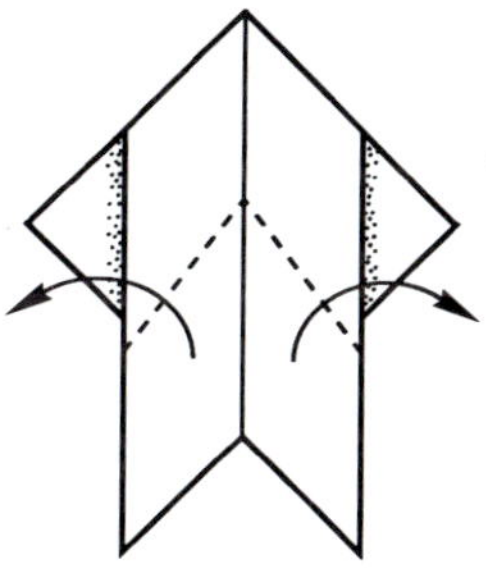

5

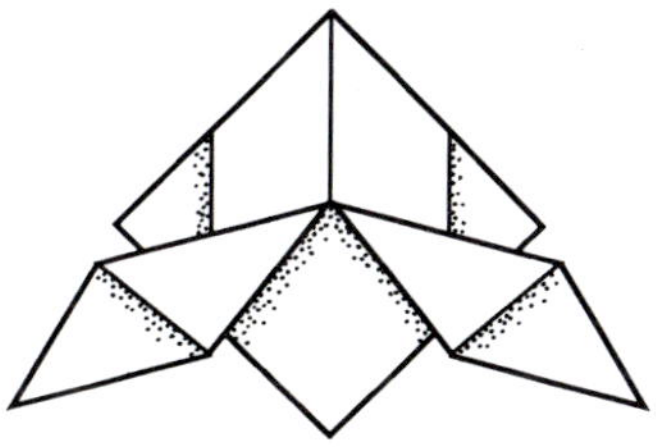

6

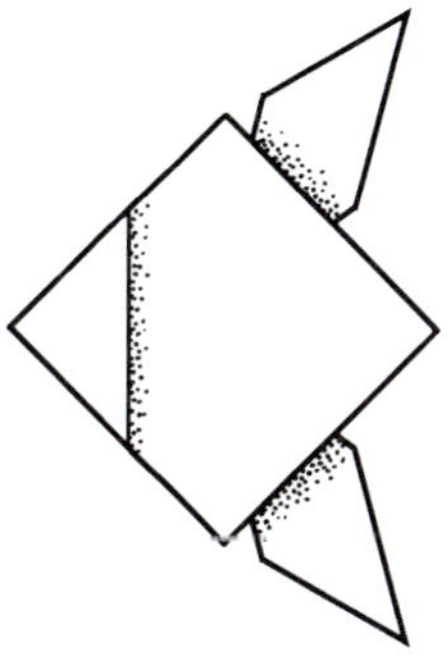

7

Einfach

Mein Tip:
Wenn Sie Ihren Tisch besonders maritim gestalten wollen, können Sie ein Kunststoffnetz aus dem Gartenfachhandel über die Tischdecke legen und einige Muscheln auf dem Tisch verteilen.

Meine Empfehlung:

Rustikale Stoffserviette

Flügeltor

3. Die untere Hälfte des Quadrats entlang der Diagonale nach hinten schlagen.

4. Die seitlichen Ecken hinten zusammenstecken.

5. Die beiden vorne liegenden Spitzen zur Seite ziehen.

6. Die Serviette ausformen und aufstellen.

Die Faltform vom Titelbild hat mehrere Namen: Sie wird als „Flügeltor" oder auch als „Kopftuch der Holländerin" bezeichnet. Der Aufwand beim Falten ist nicht groß, doch die fertige Faltung wirkt sehr festlich.

1. Serviette ausbreiten (linke Seite oben).

2. Untere Hälfte entlang der Diagonale nach oben falten. Die rechte und linke Ecke des Dreiecks zur oberen Mitte falten.

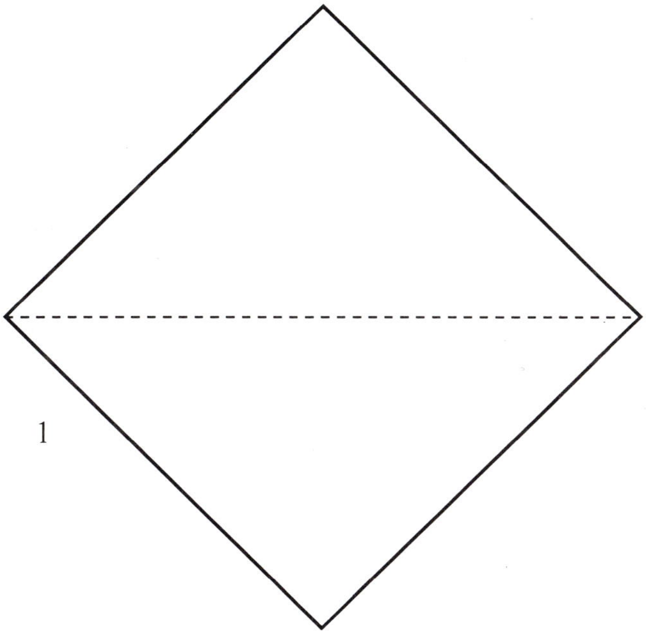

1

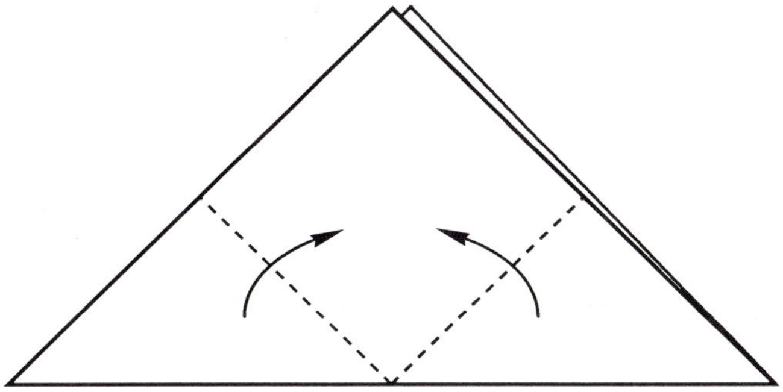

2

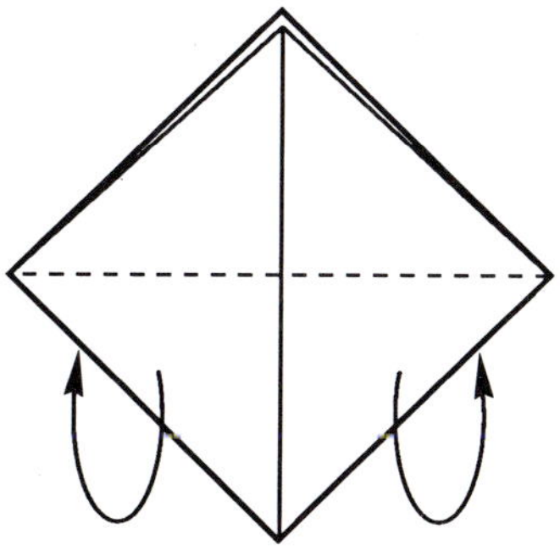

3

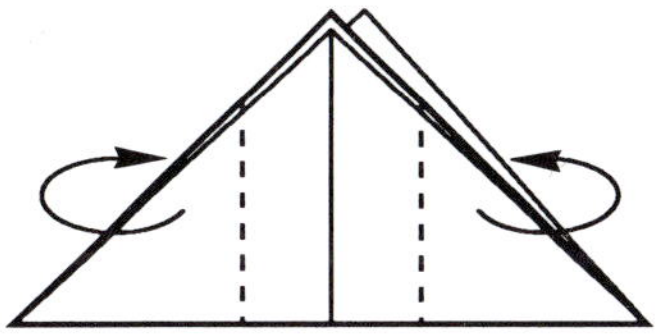

4

5

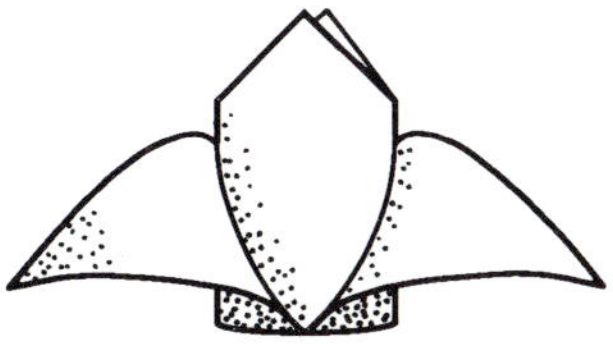

6

Mittel-schwer

Meine Empfehlung:

Stoffserviette

Zelltuchserviette

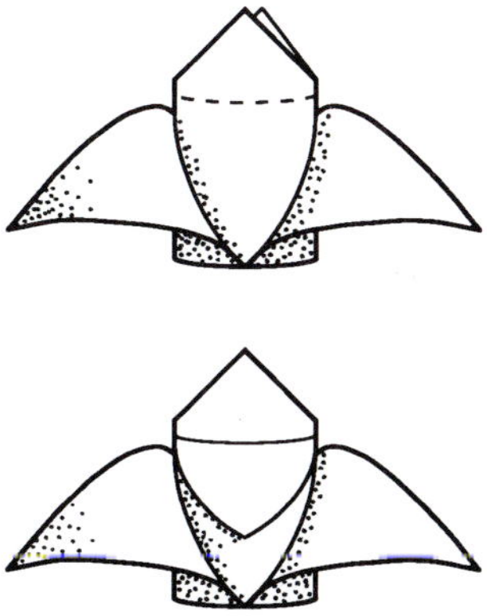

Variante:
Wem die Figur zu einfach aussieht, der kann die vorderste Lage der mittleren Spitze nach unten schlagen.

Königsschleppe und Lilie

6. Das entstandene Band an der Mittellinie nach oben schlagen.

7. Die seitlichen Ecken hinten zusammenstecken.

8. Die Spitzen der vorderen Lage vorsichtig zur Seite ziehen.

Eine besonders festliche und zudem noch variable Serviettenfigur ist die Königsschleppe, aus der mit zwei Handgriffen die elegante Lilie wird.

Königsschleppe

1. Serviette ausbreiten (linke Seite oben).

2. Obere Hälfte entlang der Diagonale nach unten falten. Die rechte und linke Ecke des dadurch entstandenen Dreiecks zur unteren Spitze falten.

3. Die beiden nach unten gefalteten Ecken entlang der waagerechten Diagonale zur oberen Mitte falten.

4. Die untere Spitze zur Mittellinie falten.

5. Die Unterkante zur Mittellinie falten.

Mittelschwer

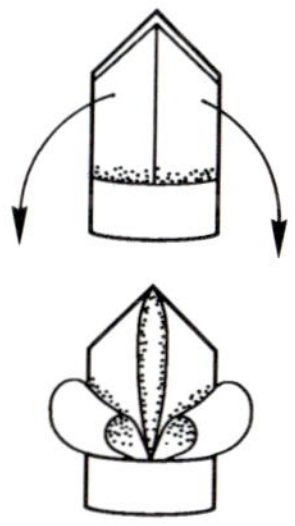

Meine Empfehlung:

Stoffserviette (Damast oder Leinen, 50 x 50 cm)

Lilie

Bis zu Schritt 7 wird die Lilie genauso gefaltet wie die Königsschleppe. Die Spitzen der vorderen Lage werden allerdings nicht zur Seite weggezogen, sondern in das Band am Fuß der Figur gesteckt.

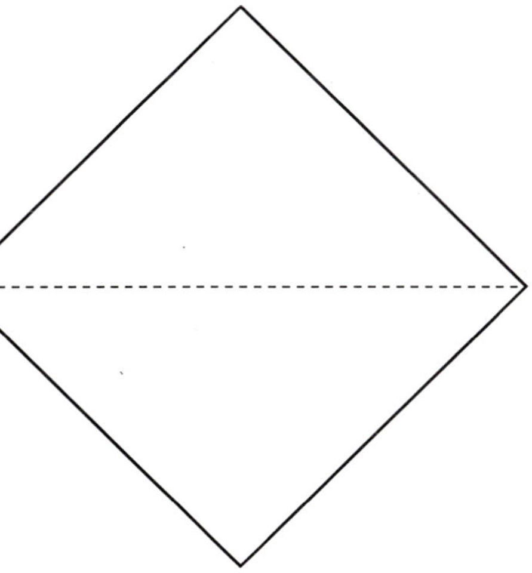
1

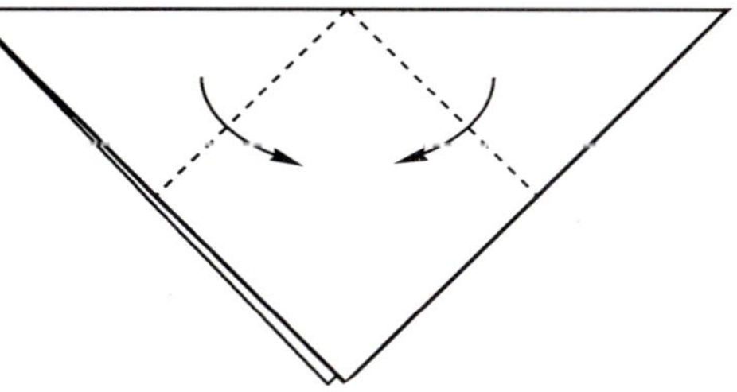
2

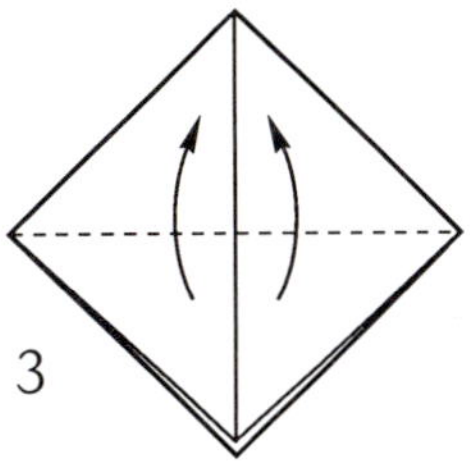
3

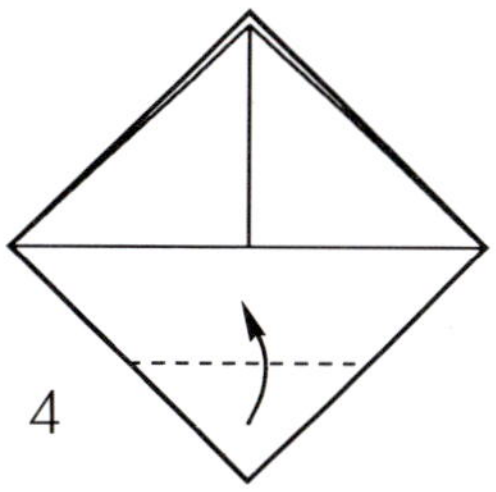
4

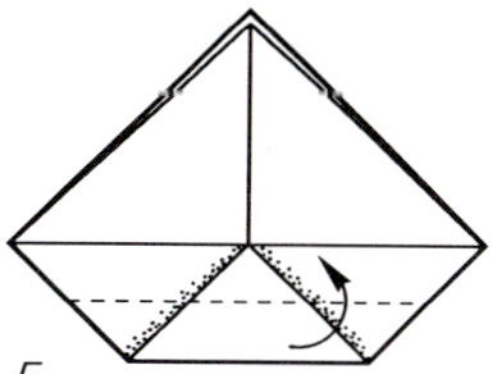
5

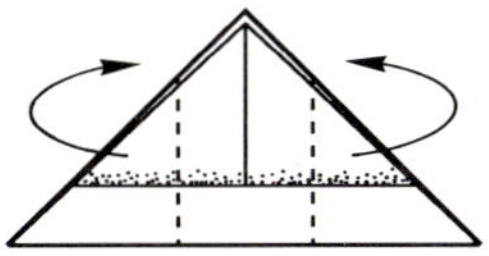
6

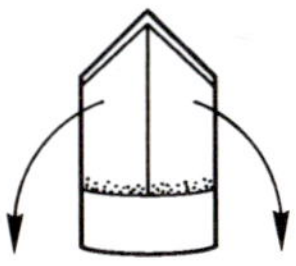
7

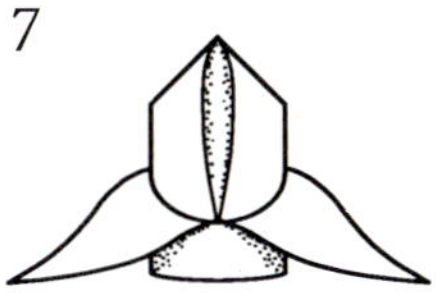
8

Blüte

Die zierliche Form der Blüte, aus einer pastellfarbenen Serviette mit Spitze oder Bogenkante gefaltet, ergänzt ein Tafelservice mit romantischem Dekor perfekt.

Meine Empfehlung:

Stoffserviette mit Randverzierung (40 x 40 cm)

1. Serviette ausbreiten.

2. In der Mitte zum Rechteck zusammenfalten.

3. Ein zweites Mal zusammenfalten, so daß ein Quadrat entsteht. Die oberste Lage diagonal zur gegenüberliegenden Ecke falten.

4. Jeweils die oberste Lage zickzackförmig zur Mitteldiagonale falten.

5. Links und rechts der Diagonale liegen nun die Ziehharmonika-Falten. Sie können leicht eingebügelt werden. Duftiger wirkt die Serviette aber, wenn die Falten nur leicht angedrückt werden, so daß sie später aufspringen können.

6. Die Figur entlang der zweiten Diagonalen zum Dreieck zusammenlegen.

7. Die rechte und linke Ecke des Dreiecks hinten zusammenstecken.

Mittelschwer

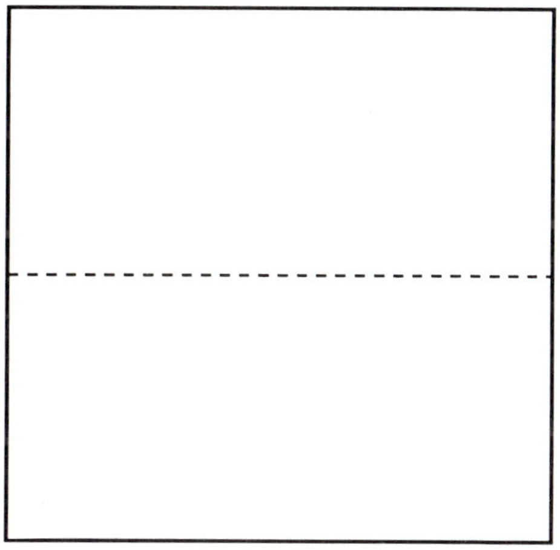

1

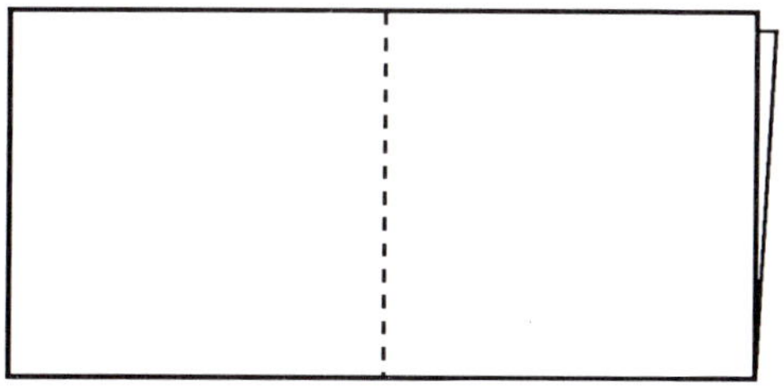

2

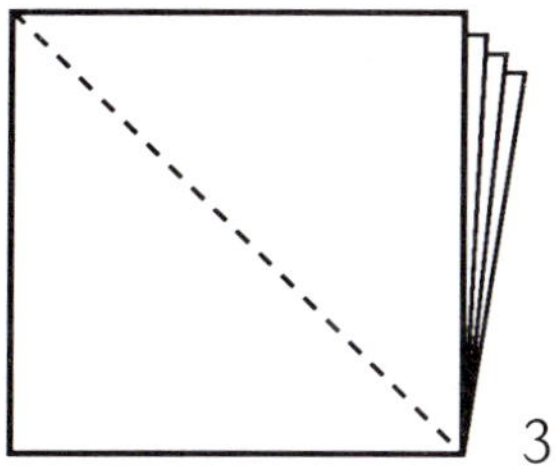

3

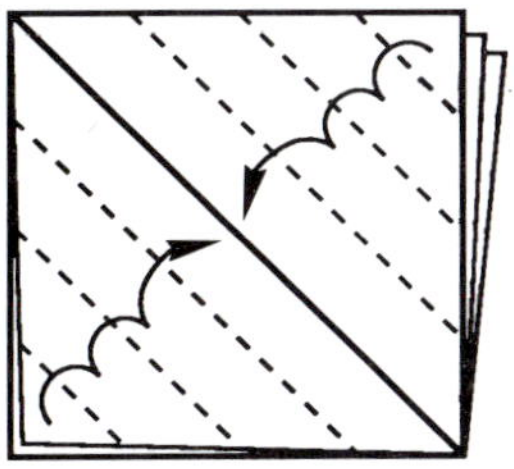

4

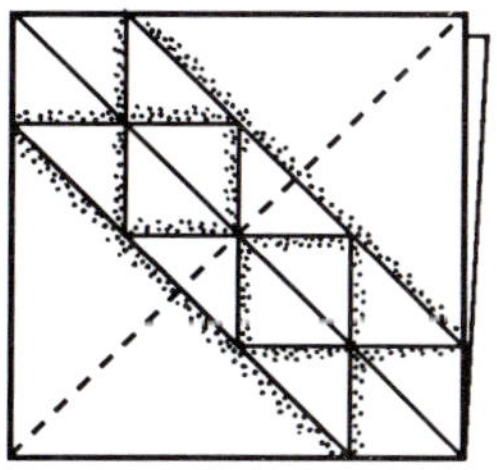

5

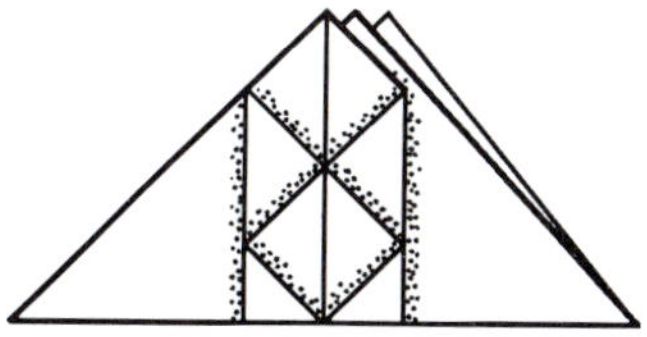

6

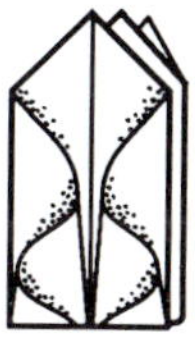

7

Mein Tip:
Da sowohl die linke als auch die rechte Seite der Serviette am Volant sichtbar werden, eignen sich Servietten ohne umgenähten Saum am besten. Außerdem fällt der Volant bei einem gekettelten Rand schöner.

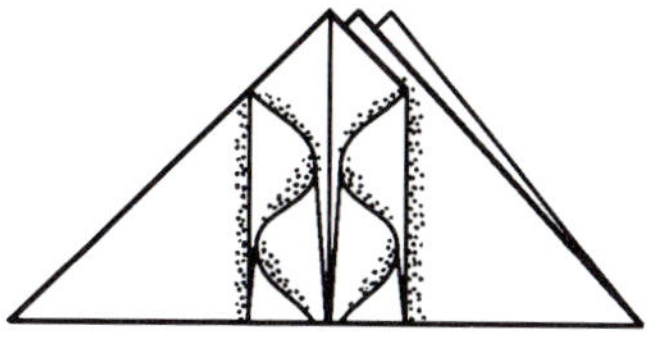

Variante:
Der Falter entsteht, wenn man die Serviette bis zu Schritt 6 faltet und dann den Volant bereits zurechtzupft.

Dschunke

Mittel-schwer

Leicht asiatisch angehaucht wirkt die Dschunke, eine alte Serviettenform, die auch unter den Namen „Hahnenkamm", „Paradiesvogel" oder „Patrizier-Tanzschuh" bekannt ist.

1. Serviette ausbreiten.

2. In der Mitte zum Rechteck zusammenlegen (linke Seite innen).

3. Noch einmal zusammenlegen, so daß ein Quadrat entsteht. Die geschlossene Ecke diagonal zur offenen Ecke falten.

4. Die beiden kürzeren Schenkel des dadurch entstandenen Dreiecks zur Mitte falten. Das Ergebnis ist eine Raute.

5. Die nach unten weisenden Spitzen der Rautenform nach hinten falten.

6. Wieder hat sich ein gleichschenkliges Dreieck gebildet. Das Dreieck entlang der senkrechten Mittellinie nach hinten zusammenfalten.

7. Die Bootsform ist bereits erkennbar. In der Mitte liegen vier Stoffecken.

8. Die Figur am „Heck“ fest zusammendrücken und die vier Stoffecken kräftig nach oben ziehen.

Meine Empfehlung:

Stoffserviette (mindestens 40 x 40 cm)

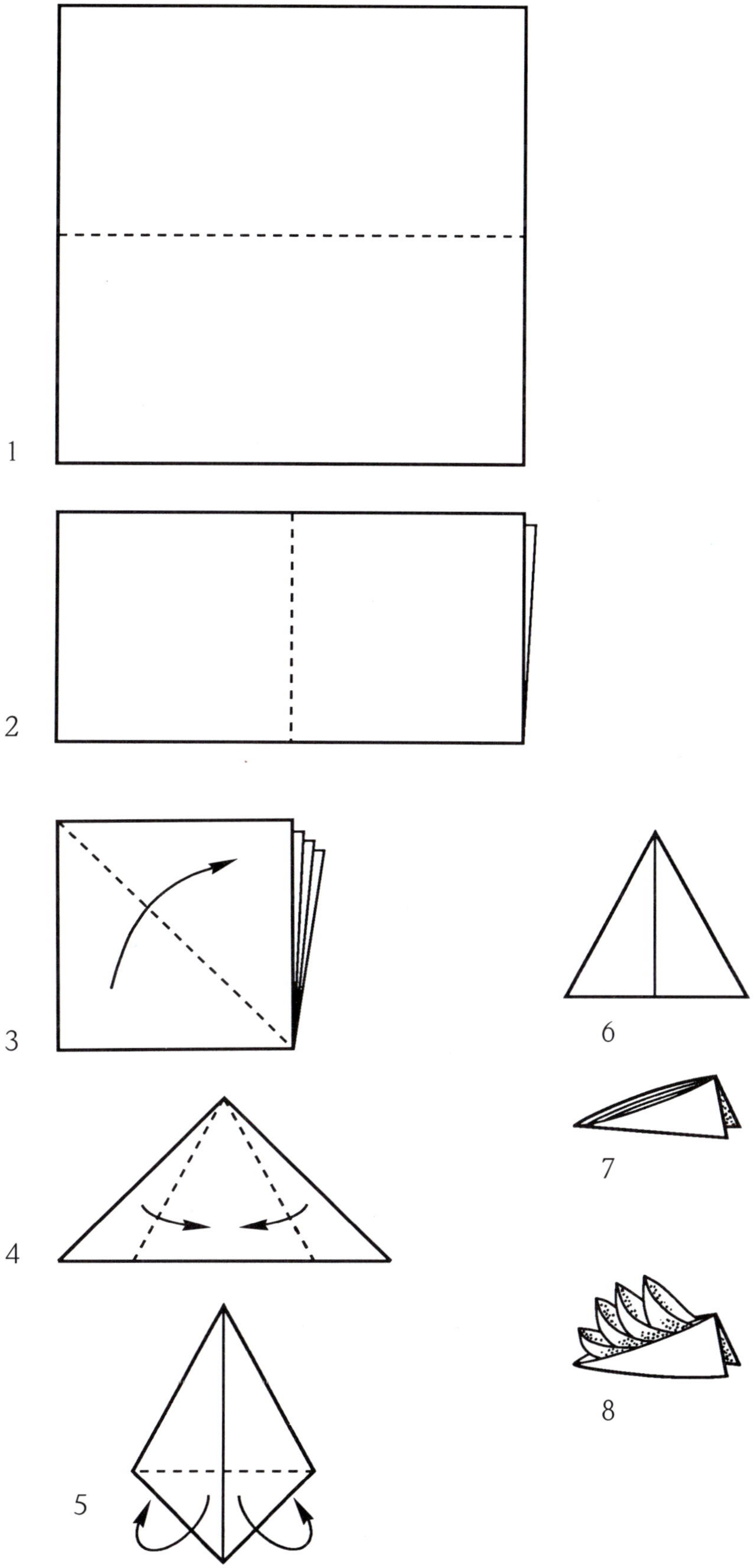

Lotosblüte

Die Lotosblüte verlangt einige Fingerfertigkeit beim Falten, wirkt dafür aber auch besonders kunstvoll. Präsentieren Sie in der Blüte ein Brötchen oder eine kleine Überraschung für Ihre Gäste.

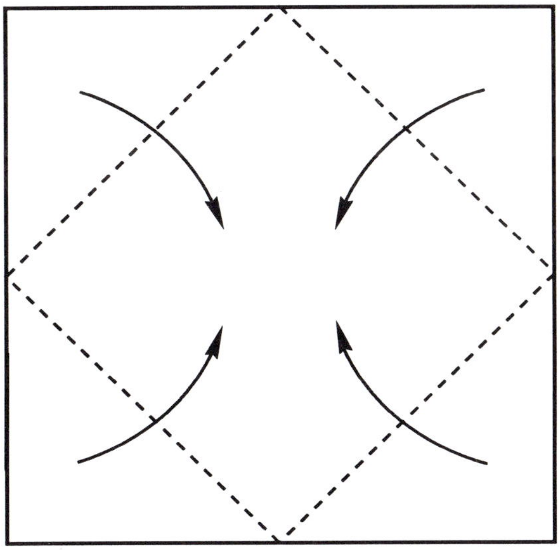

1

2

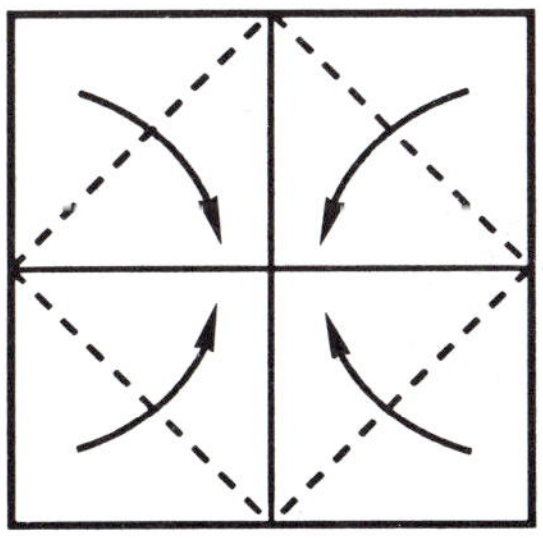

3

4

1. Serviette ausbreiten (linke Seite oben). Die Ecken zur Mitte falten.

2. Die Ecken noch einmal zur Mitte falten.

3. Serviette umdrehen und die Ecken wieder zur Mitte falten.

4. Die vier Ecken in der Mitte festhalten und die unter den äußeren Ecken liegenden Stoffzipfel nach außen ziehen. Die Ecken richten sich dabei auf. Schließlich die unter den geraden Seiten des Quadrats liegenden Stoffzipfel ebenfalls nach außen ziehen und die Blüte ausformen.

Mein Tip:
Für die Lotosblüte muß die Serviette absolut quadratisch und 50 x 50 cm groß sein.

Schwierig

Meine Empfehlung:

Stoffserviette (50 x 50 cm)

Smokingjacke

Beim Smoking ist der Effekt erheblich größer als der Aufwand. In ein paar Minuten sind die Servietten für einen ganzen Tisch gefaltet.

Leicht

1. Serviette ausbreiten.

2. Entlang der Diagonale zum Dreieck zusammenlegen und die obere Kante zu einem Schalkragen formen (evtl. leicht einbügeln).

3. Serviette umdrehen, so daß der „Kragen" auf der Rückseite liegt. Die äußeren Ecken zur mittleren Spitze falten. Die untere Spitze nach hinten umklappen.

4. Die Seiten nach hinten einschlagen.

5. Eine Schleife aus Satinband komplettiert die Smokingjacke.

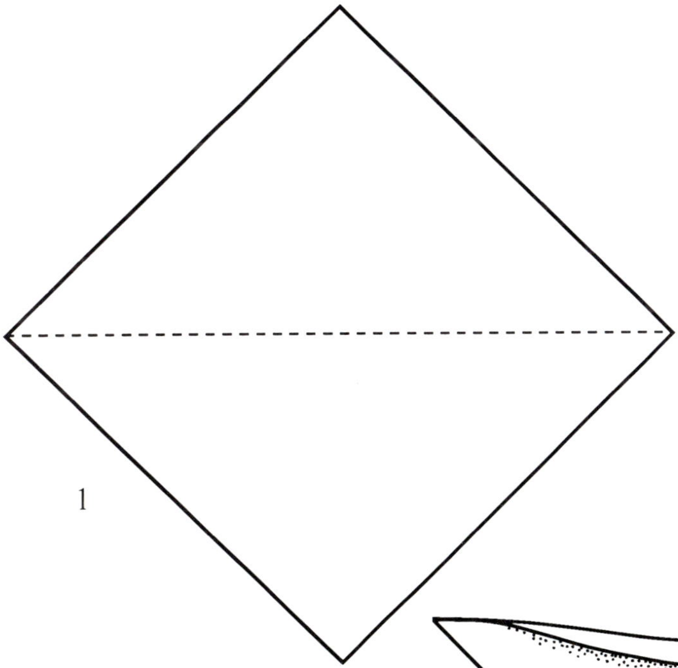

1

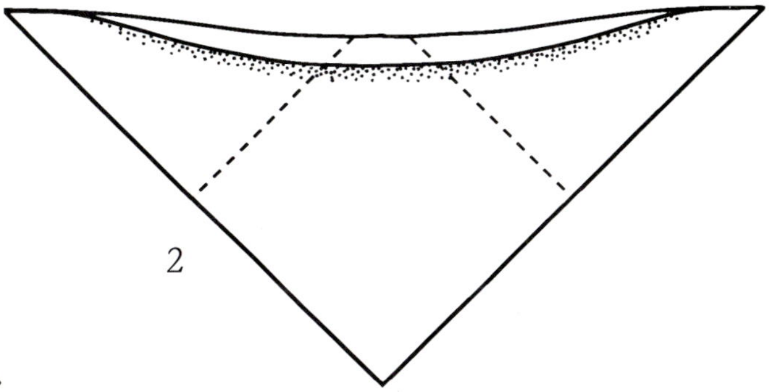

2

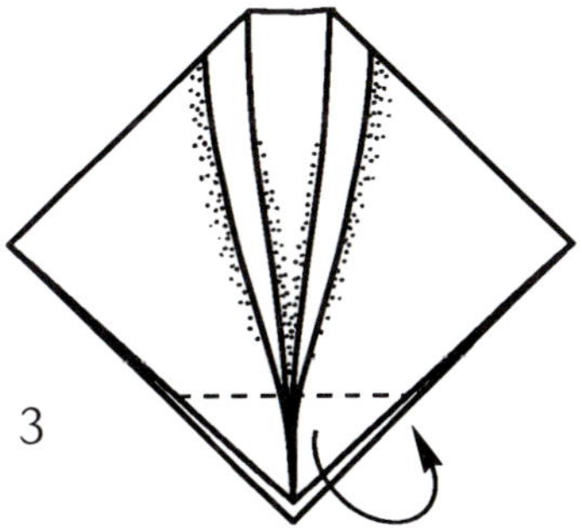

3

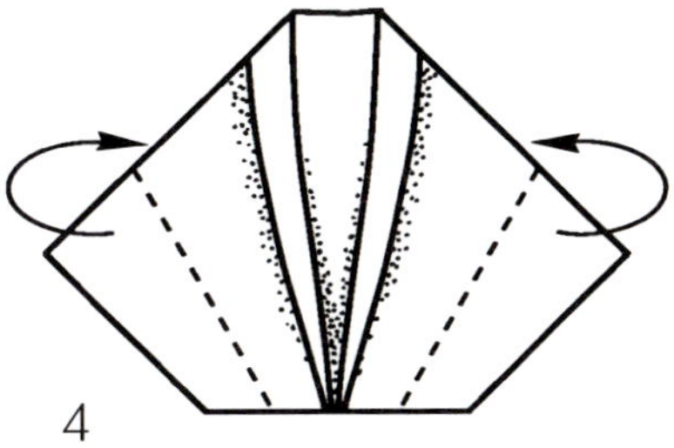

4

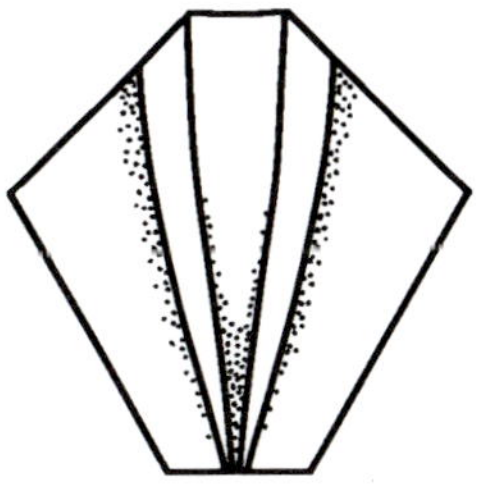

5

Meine Empfehlung:

Stoffserviette (50 x 50 cm)

Stehender Fächer

Diese Figur sieht – wie alle Fächerformen – komplizierter aus, als sie ist. Durch die eingearbeitete Stütze steht dieser Fächer besonders gut.

1. Serviette ausbreiten.

2. In der Mitte zum Rechteck zusammenlegen (linke Seite innen, offene Seite unten). Von der Schmalseite her bis knapp über die Mitte zur „Ziehharmonika" zusammenfalten. Dabei die Brüche immer wieder fest zusammenpressen.

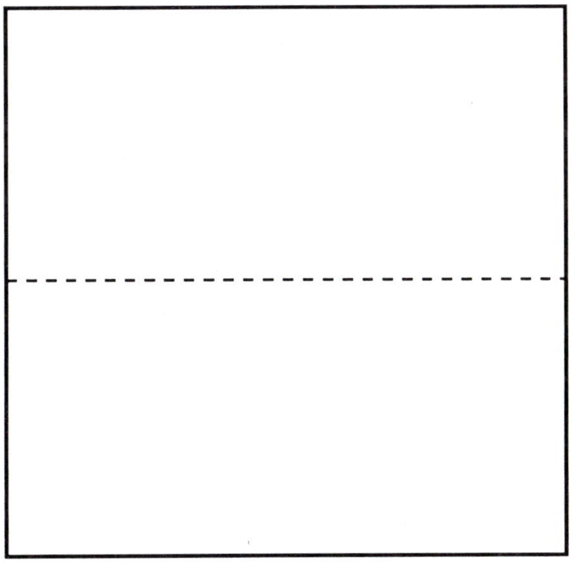

1

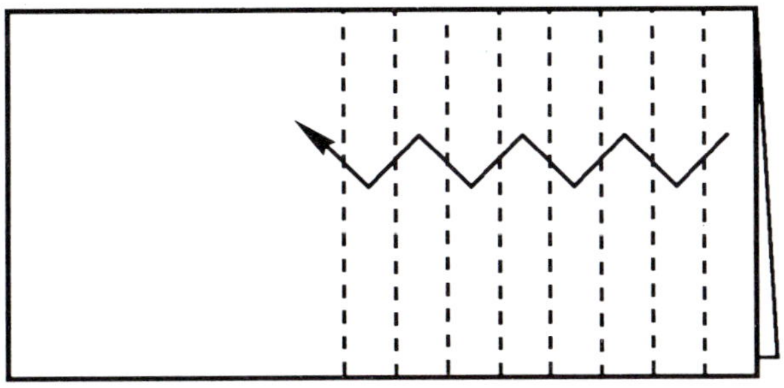

2

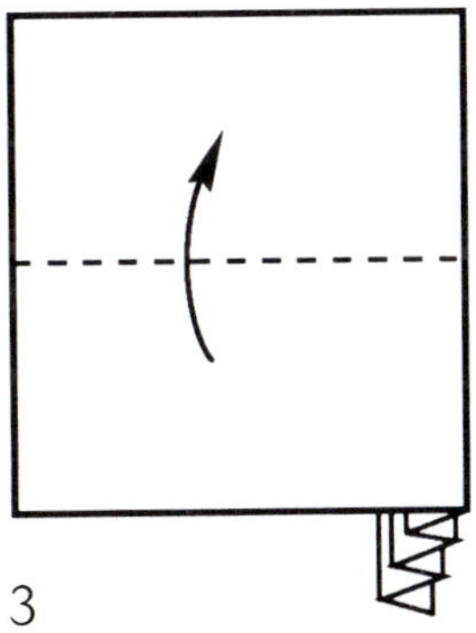

3

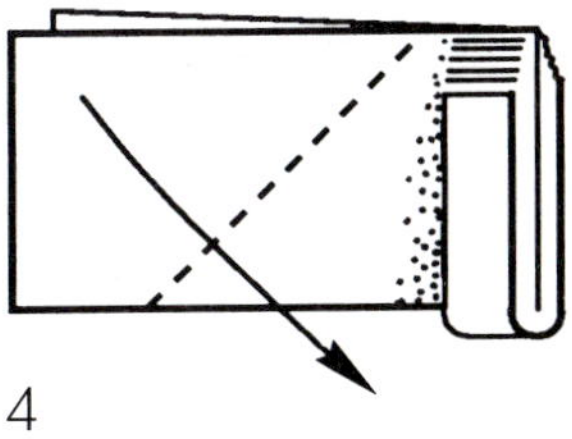

4

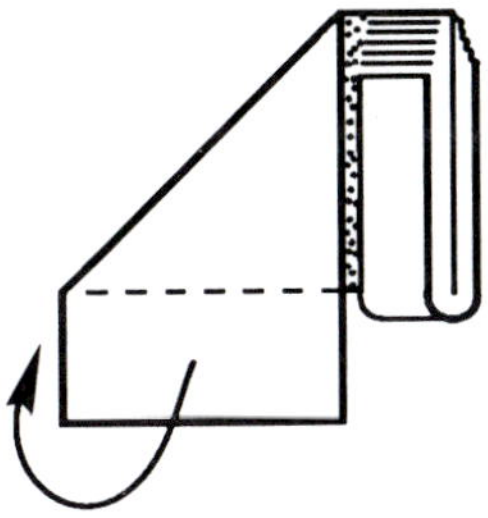

5

**Mittel-
schwer**

Meine Empfehlung:

Stoffserviette
(50 x 50 cm)

3. Figur in der Mitte zusammenlegen, so daß die „Ziehharmonika" außen liegt.

4. Das glatte Stück der Serviette schräg nach unten falten.

5. Den unten überstehenden Rand unter dem dreieckig gefalteten Teil nach hinten falten, so daß eine Stütze für die Serviette entsteht. Den Fächer aufstellen und ausformen.

Vollmond

Für den Vollmond muß die Serviette groß und gut gestärkt sein. Wenn die Brüche sorgfältig geknickt und festgedrückt werden, entsteht eine einzigartige Dekoration für die festliche Tafel.

Einfach

Meine Empfehlung:

Stoffserviette (mindestens 50 x 50 cm)

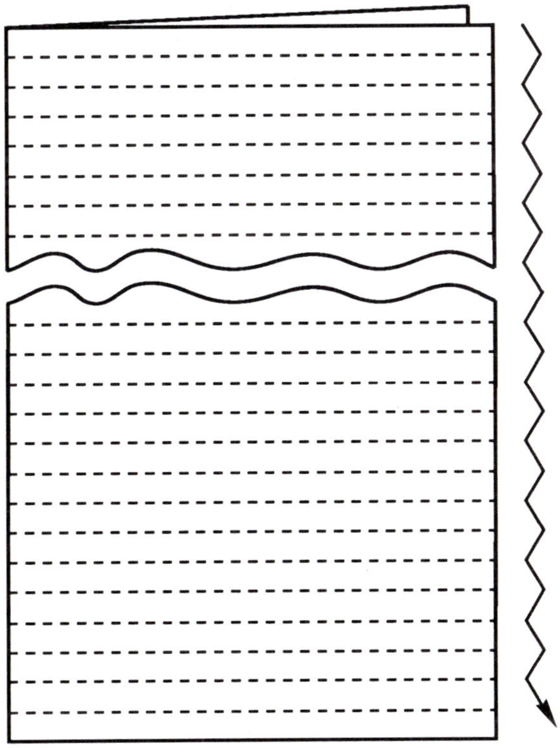

1

2

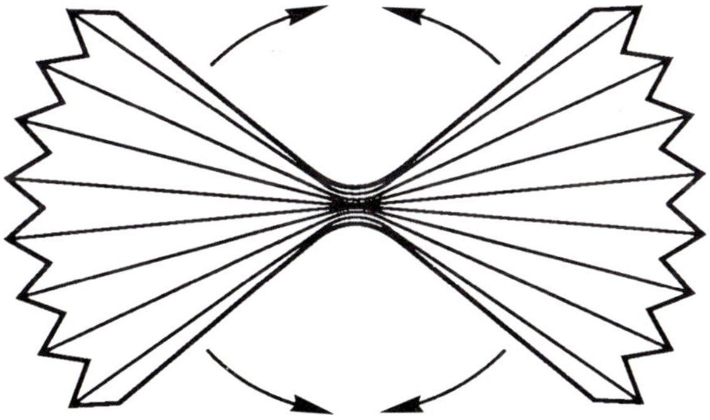

3

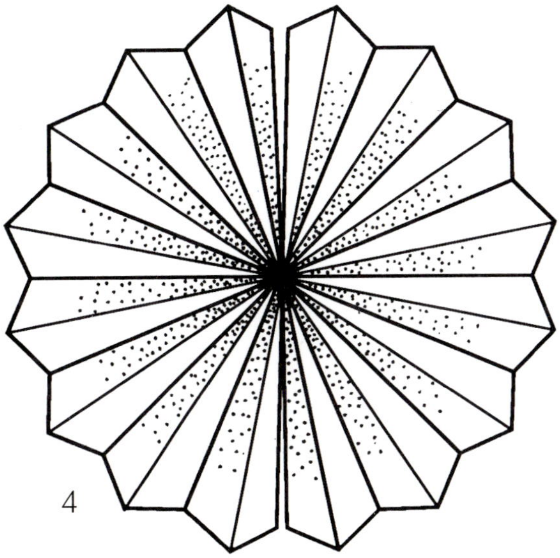

4

1. Serviette ausbreiten, zur Hälfte zusammenlegen und von der Schmalseite her in etwa zwei Zentimeter breiten Streifen abwechselnd nach vorne und nach hinten falten.

2. Die zur Ziehharmonika gefaltete Serviette gut zusammenpressen, um die Brüche zu fixieren.

3. In der Mitte zusammenhalten (oder einen Serviettenring über die gefaltete Serviette schieben) und die Falten auseinanderziehen.

4. Den fertigen Mond zum Beispiel auf einen Platzteller legen.

Jakobsmuschel

Als ausgesprochen elegante Form paßt die Jakobsmuschel ideal zu jedem edlen Service.

1. Serviette ausbreiten (linke Seite oben).

2. Die obere Hälfte entlang der Diagonale nach unten falten.

3. Das entstandene Dreieck von der Basis zur Spitze zickzackförmig in etwa zwei Zentimeter breiten Streifen nach vorne und hinten falten.

4. Das zickzackförmig gefaltete Band in der Mitte zusammenfalten. Die breite Seite des ursprünglichen Dreiecks liegt innen, die Spitze außen.

5. Die fertige Form mit geschlossenen (siehe Foto) oder geöffneten (siehe Zeichnung) Spitzen auf dem Tisch arrangieren.

**Mittel-
schwer**

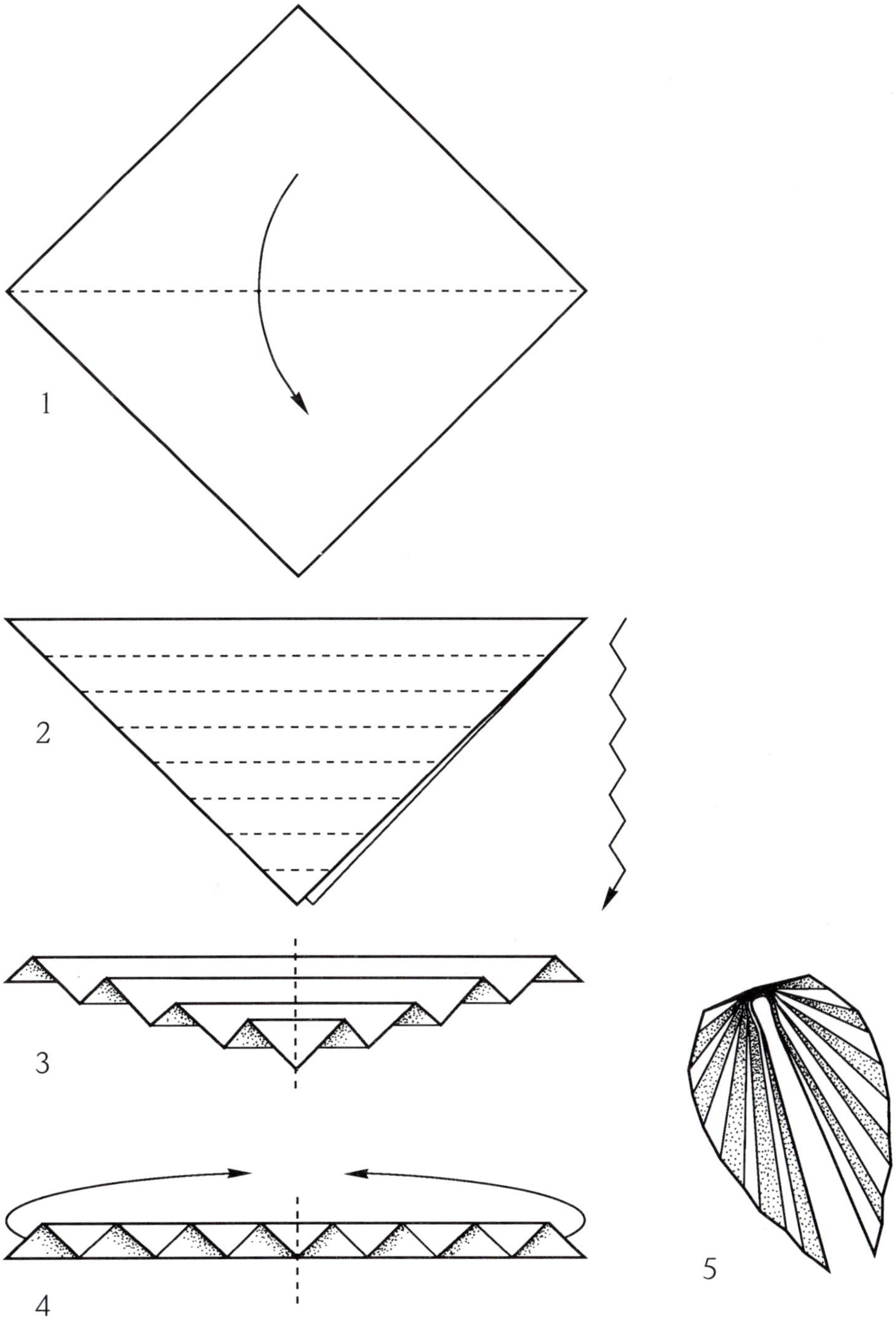

Meine Empfehlung:

Stoffserviette

Variante:
Die Schwinge entsteht, wenn man das in der Mitte gefaltete Band auf die Seite legt und die obere Hälfte auffächert.

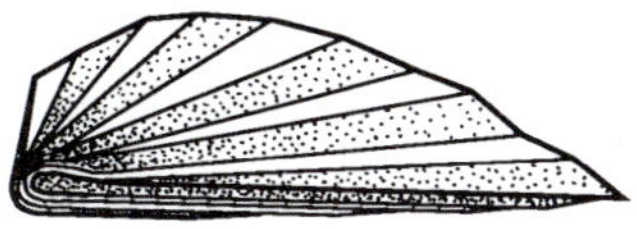

Spitzenfächer

Mittel-schwer

Keine Angst: Der Spitzenfächer, der auch einer Hochzeitstafel zur Zierde gereicht, verlangt zwar einige Übung, ist aber längst nicht so schwer zu falten, wie Sie vielleicht befürchten.

1. Serviette ausbreiten (rechte Seite oben).

2. Die untere Hälfte nach oben falten.

3. Die Oberkante der oberen Lage zum unteren Bruch falten.

4. Die Serviette umdrehen und wieder die Oberkante zum unteren Bruch falten. Es ist ein schmales Rechteck mit vier Stofflagen entstanden. Die rechte Seite der Serviette weist nach außen.

5. Von einer Schmalseite des Rechtecks her die Serviette zickzackförmig in etwa zwei Zentimeter breiten Streifen zusammenfalten und die Brüche gut zusammenpressen.

6. Die „Ziehharmonika" fest in der linken Hand zusammenhalten und gleichzeitig mit der rechten Hand die innenliegenden Spitzen der vorderen Lage nach vorne ziehen. Nach jedem Ziehen die Serviette wieder fest zusammendrücken.

7. Die Serviette umdrehen und auch auf der Rückseite die innenliegenden Falten nach vorne ziehen. Zwischendurch die

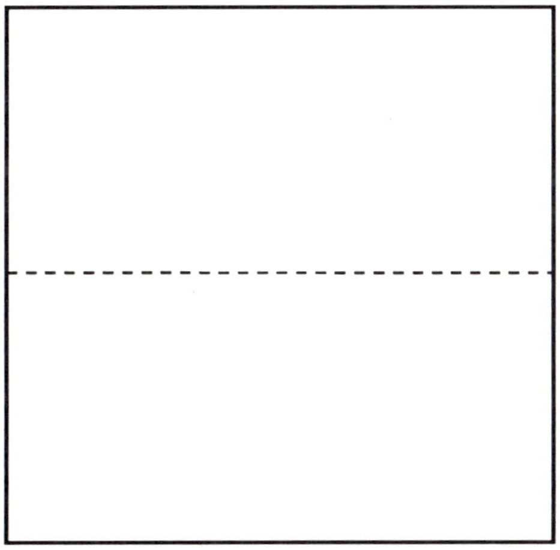

1

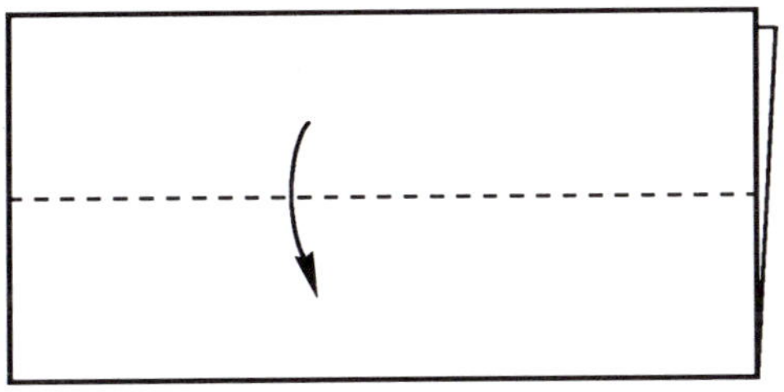

2

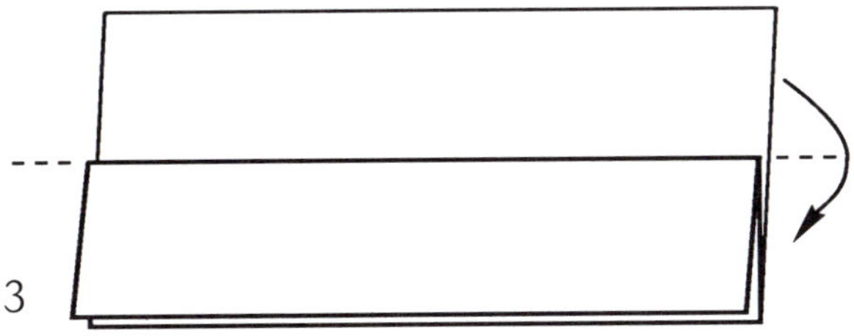

3

4

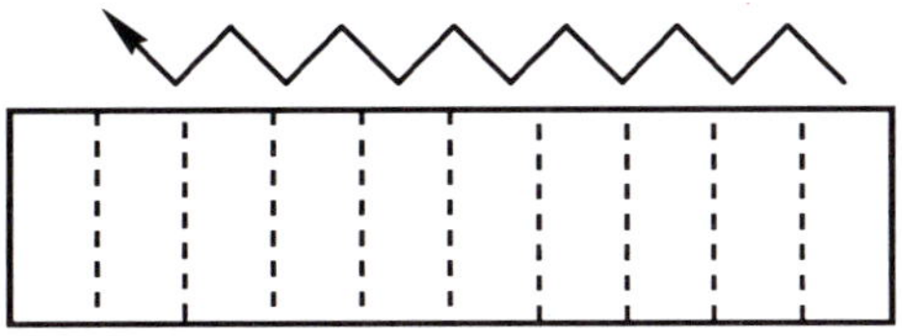

5

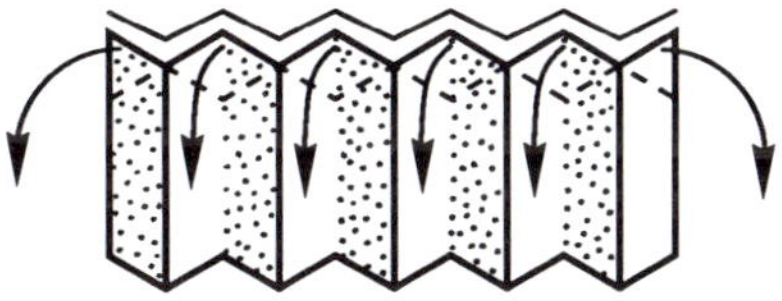

6

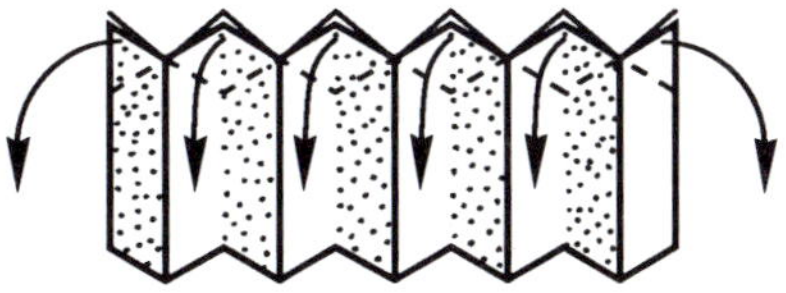

7

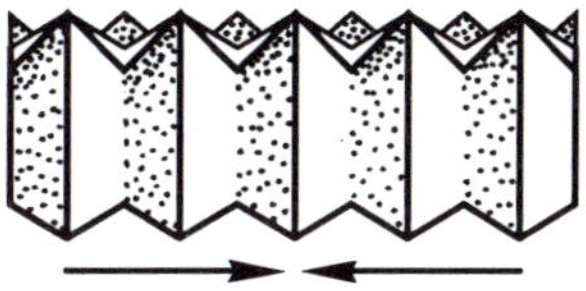

8

Serviette immer wieder zusammenpressen, um die Brüche zu fixieren.

8. Die „Ziehharmonika" am unteren Ende zusammenhalten und die Oberkante auffächern. Den Fächer auf einen Teller setzen.

Meine Empfehlung:

Stoffserviette (mindestens 50 x 50 cm)

Varianten:
Hübsch sieht der Spitzenfächer auch in einem Glas aus. Oder halten Sie das untere Ende einmal mit einer dekorativen Schleife zusammen.

Turm zu Babylon

Verblüffen Sie Ihre Gäste mit dem kunstvollen babylonischen Turm. Er ist die richtige Serviettenform für außergewöhnliche Anlässe.

1. Serviette ausbreiten (linke Seite außen).

2. Obere Hälfte nach unten klappen.

3. Die obere Lage unterhalb der Mittellinie nach oben falten.

4. Die untere Lage ebenfalls nach oben schlagen, so daß drei ungefähr gleich breite „Etagen" zu sehen sind.

5. Die Serviette von einer Schmalseite her zickzackförmig in etwa zwei Zentimeter breiten Streifen zusammenfalten und fest zusammenpressen.

6. Die „Ziehharmonika" fest in der linken Hand zusammenhalten und gleichzeitig mit der rechten Hand die innenliegenden Spitzen des untersten Bandes nach vorne ziehen. Nach jedem Ziehen die Serviette wieder fest zusammendrücken.

7. Mit den innenliegenden Spitzen der beiden anderen „Etagen" ebenso verfahren. Die Serviette als Turm aufstellen (siehe Foto).

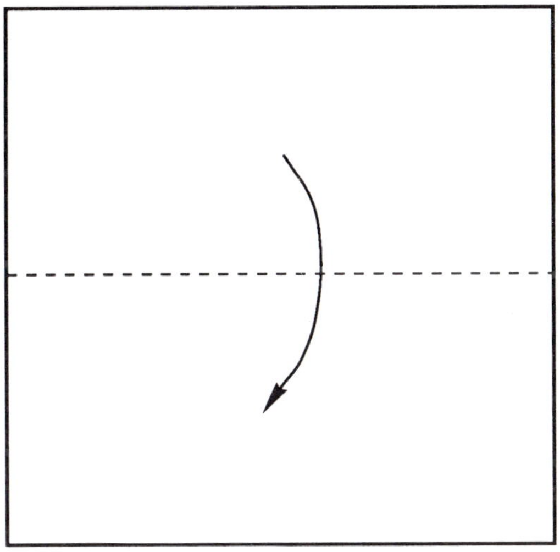

1

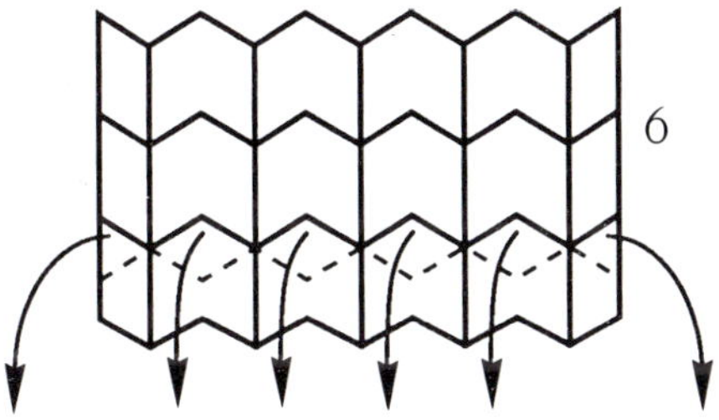

6

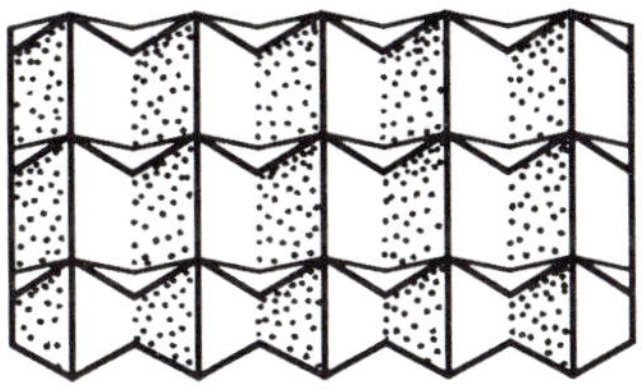

7

Schwer

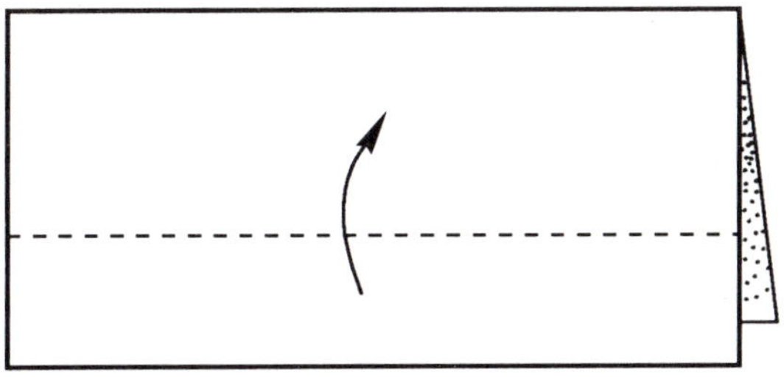

2

Meine Empfehlung:

Stoffserviette
(mindestens
50 x 50 cm)

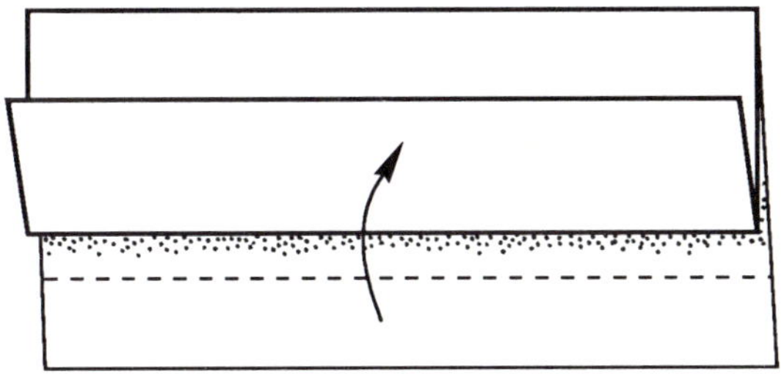

3

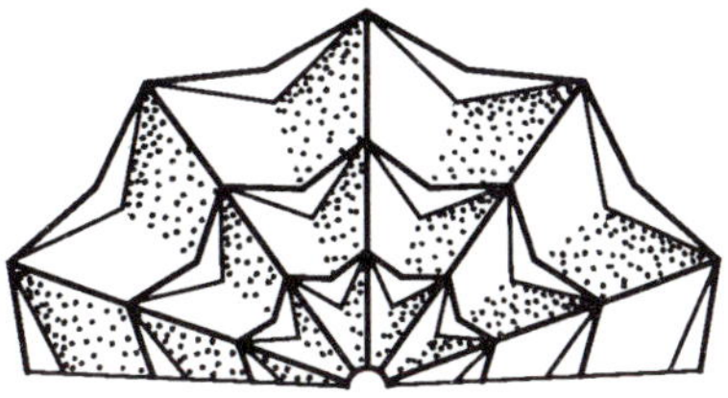

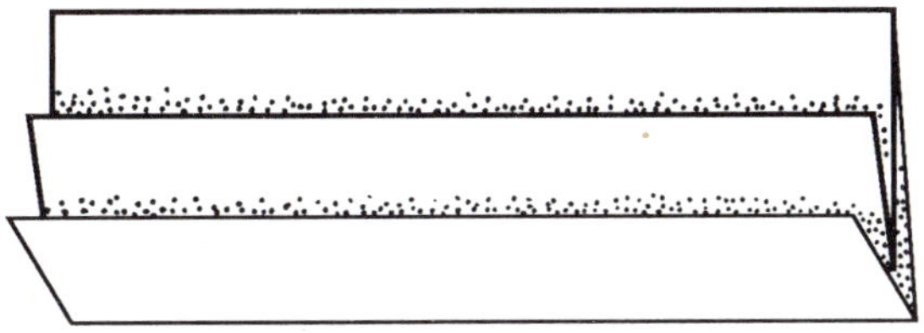

4

Variante:

Statt die Serviette zum Turm zusammenzustellen, können Sie die „Zieharmonika“ auch als Fächer mit drei Spitzenreihen präsentieren.

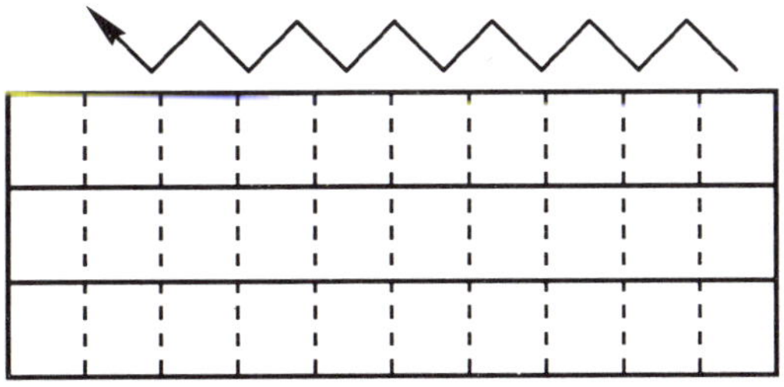

5

Danksagung

Viele Menschen haben dazu beigetragen, daß dieses Buch zustandegekommen ist. So danke ich der Firma Deutsche Duni, Bramsche, dafür, daß sie mir großzügig Papier- und Zellstoffservietten zur Verfügung gestellt hat. Herzlicher Dank geht auch an die Firma Siller & Laar, Augsburg, sowie an Christa Manner und Maria Burkart, die mich mit Geschirr, Besteck und Servietten für die Fotoaufnahmen unterstützt haben. Die beiden Anregungen für Serviettenringe auf Seite 13 stammen von Ursula Grabner, Wien.

Lena Fuchs

Die Deutsche Bibliothek – CIP-Einheitsaufnahme

Servietten falten, klassisch und modern :
für Alltag und Feste ; Schritt-für-Schritt-Anleitungen /
Lena Fuchs. – Augsburg : Augustus-Verl., 1995
ISBN 3-8043-0371-4

Fotografie: Klaus Lipa, Augsburg
Zeichnungen: Karina Stieler
Lektorat: Helene Weinold
Umschlaggestaltung: Christa Manner, München
Layout: Bernd Walser, München

Augustus Verlag Augsburg 1995

Satz: Bernd Walser Buchproduktion, München
Reproduktion: Colorline, Verona
Druck und Bindung: Sebalddruck, Plauen
Gedruckt auf 120 g umweltfreundlich chlorfrei oder elementar chlorfrei gebleichtes Papier.

ISBN 3-8043-0371-4
Printed in Germany